일본어
펜맨십

동양books

あ 아[a]		あ	あ	あ	あ	あ	あ

い 이[i]		い	い	い	い	い	い

う 우[u]		う	う	う	う	う	う

え 에[e]		え	え	え	え	え	え

お 오[o]		お	お	お	お	お	お

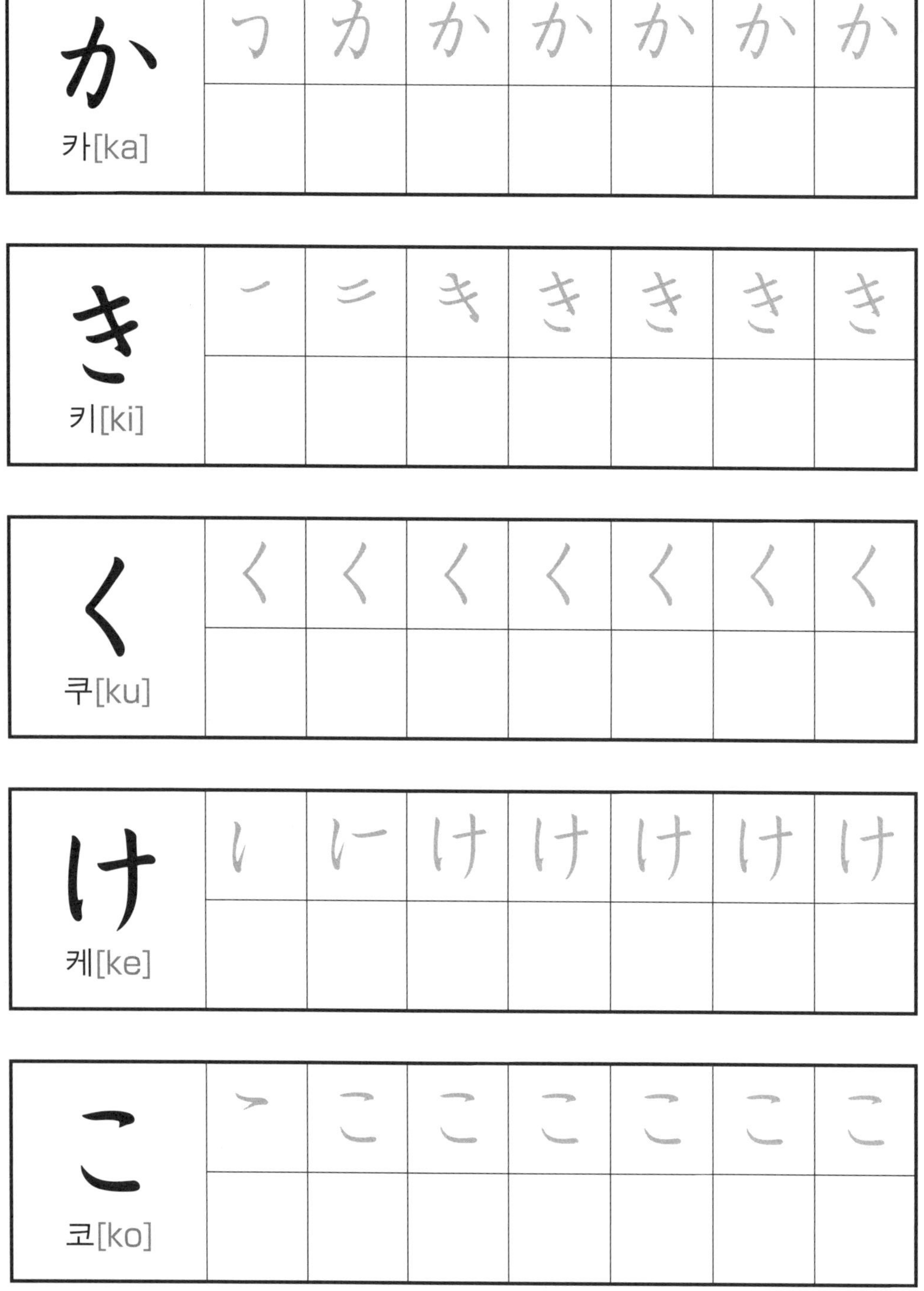
か
카[ka]
き
키[ki]
く
쿠[ku]
け
케[ke]
こ
코[ko]

さ	사[sa]
し	시[shi]
す	스[su]
せ	세[se]
そ	소[so]

た
타[ta]

ち
치[chi]

つ
츠[tsu]

て
테[te]

と
토[to]

な 나[na]							

に 니[ni]							

ぬ 누[nu]							

ね 네[ne]							

の 노[no]							

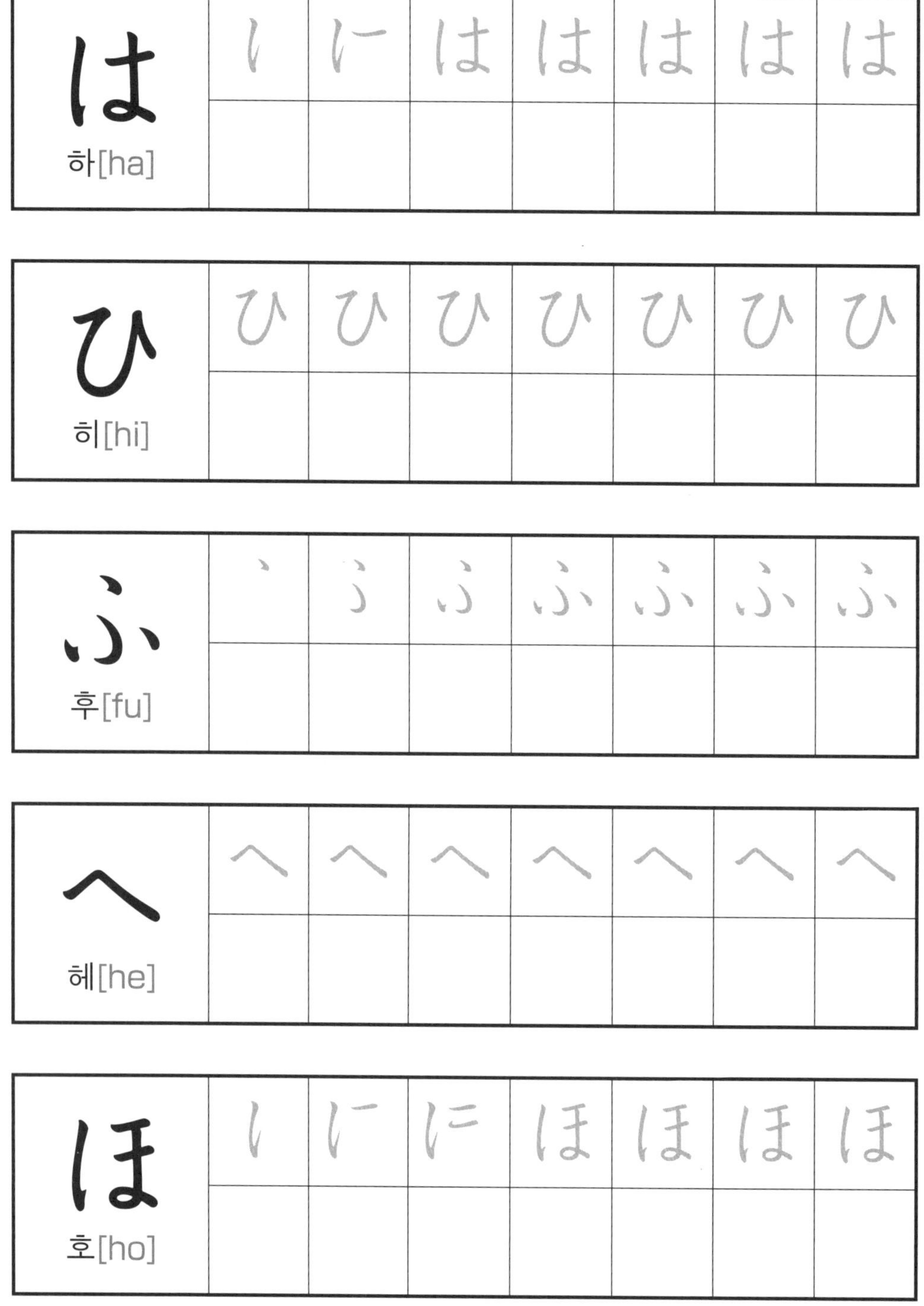
は
하[ha]
ひ
히[hi]
ふ
후[fu]
へ
헤[he]
ほ
호[ho]

ま 마[ma]	一	二	ま	ま	ま	ま	ま

み 미[mi]	み	み	み	み	み	み	み

む 무[mu]	一	む	む	む	む	む	む

め 메[me]	丶	め	め	め	め	め	め

も 모[mo]	し	も	も	も	も	も	も

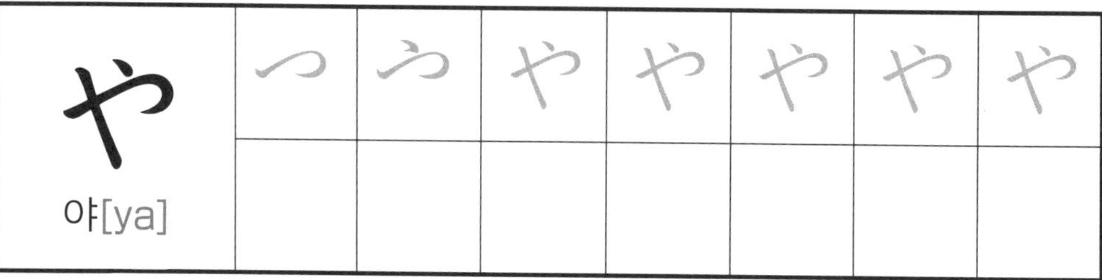

や 야[ya]	つ	っ	や	や	や	や	や

ゆ 유[yu]	い	ゆ	ゆ	ゆ	ゆ	ゆ	ゆ

よ 요[yo]	-	よ	よ	よ	よ	よ	よ

쓰기 어려운 글자 연습

え 에

お 오

そ 소

な 나

ぬ 누

み 미

ら 라[ra]	`	ら	ら	ら	ら	ら	ら

り 리[ri]	ｌ	り	り	り	り	り	り

る 루[ru]	る	る	る	る	る	る	る

れ 레[re]	｜	れ	れ	れ	れ	れ	れ

ろ 로[ro]	ろ	ろ	ろ	ろ	ろ	ろ	ろ

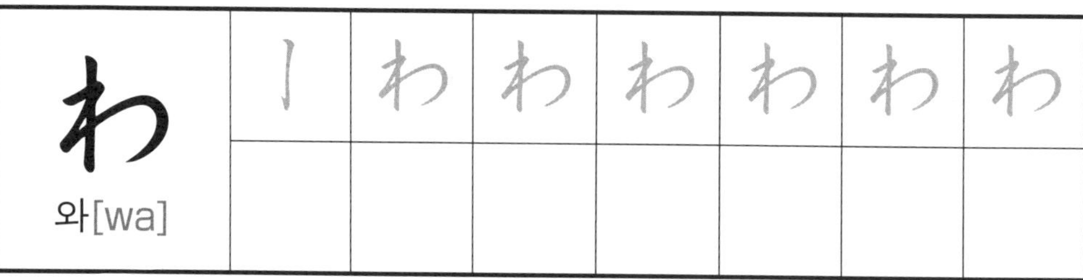

を

오[o]

ん

응[n]

쓰기 어려운 글자 연습

め 메	ひ 히	る 루
れ 레	わ 와	を 오

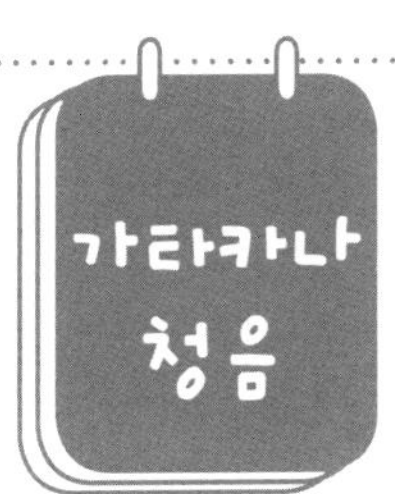

ア 아[a]		ア	ア	ア	ア	ア	ア
イ 이[i]	ノ	イ	イ	イ	イ	イ	イ
ウ 우[u]			ウ	ウ	ウ	ウ	ウ
エ 에[e]	一		エ	エ	エ	エ	エ
オ 오[o]	一		オ	オ	オ	オ	オ

カ 카[ka]	㇆	カ	カ	カ	カ	カ	カ
キ 키[ki]	一	ニ	キ	キ	キ	キ	キ
ク 쿠[ku]	ノ	ク	ク	ク	ク	ク	ク
ケ 케[ke]	ノ	𠂉	ケ	ケ	ケ	ケ	ケ
コ 코[ko]	㇕	コ	コ	コ	コ	コ	コ

サ 사[sa]	一	十	サ	サ	サ	サ	サ

シ 시[shi]	丶	⺀	シ	シ	シ	シ	シ

ス 스[su]	フ	ス	ス	ス	ス	ス	ス

セ 세[se]	㇖	セ	セ	セ	セ	セ	セ

ソ 소[so]	丶	ソ	ソ	ソ	ソ	ソ	ソ

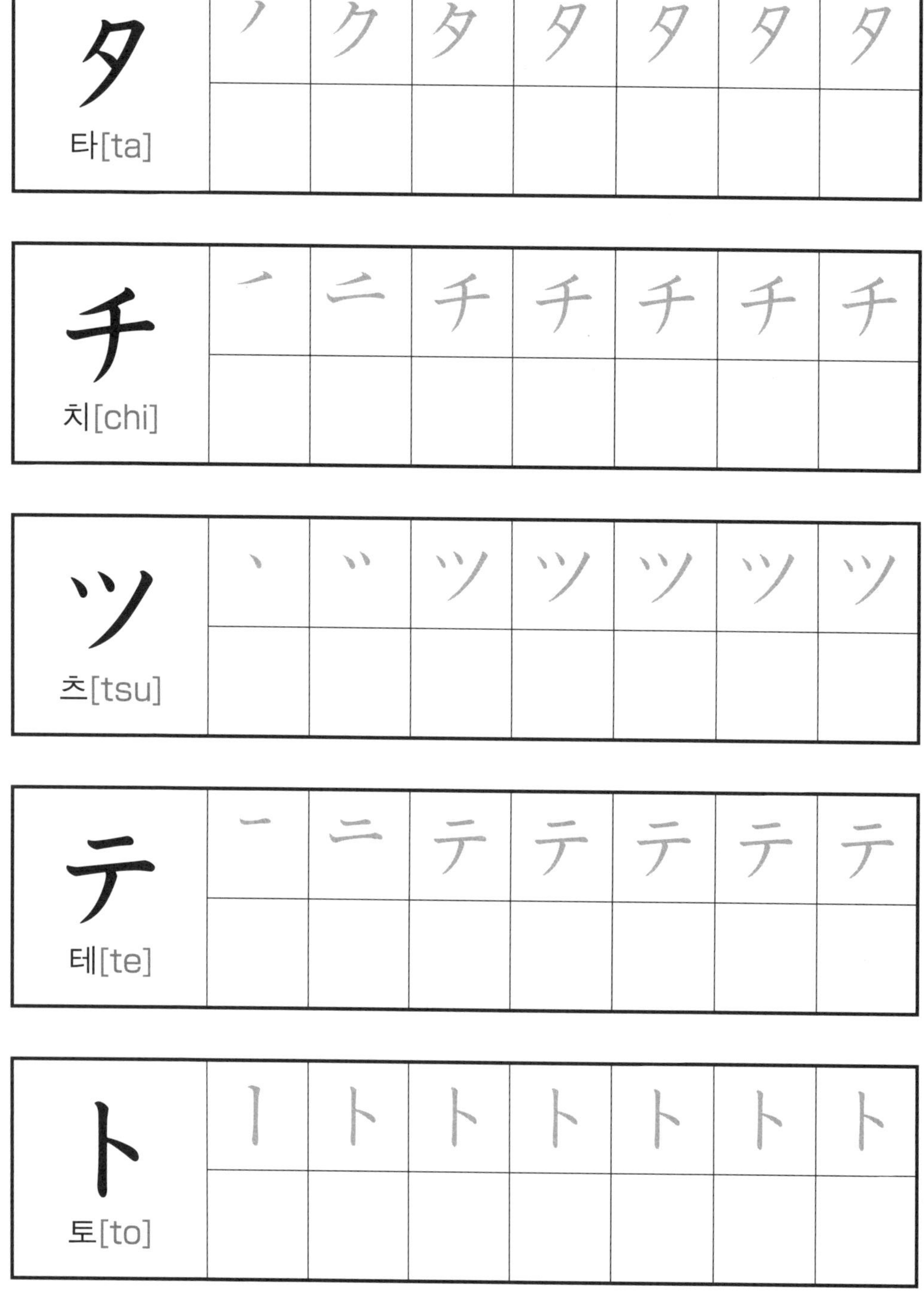
タ
타[ta]
チ
치[chi]
ツ
츠[tsu]
テ
테[te]
ト
토[to]

ナ 나[na]	一	ナ	ナ	ナ	ナ	ナ	ナ
ニ 니[ni]	一	ニ	ニ	ニ	ニ	ニ	ニ
ヌ 누[nu]	フ	ヌ	ヌ	ヌ	ヌ	ヌ	ヌ
ネ 네[ne]	丶	ラ	ネ	ネ	ネ	ネ	ネ
ノ 노[no]	ノ	ノ	ノ	ノ	ノ	ノ	ノ

ハ 하[ha]	ノ	ハ	ハ	ハ	ハ	ハ	ハ
ヒ 히[hi]	ノ	ヒ	ヒ	ヒ	ヒ	ヒ	ヒ
フ 후[fu]	フ	フ	フ	フ	フ	フ	フ
ヘ 헤[he]	ヘ	ヘ	ヘ	ヘ	ヘ	ヘ	ヘ
ホ 호[ho]	一	十	才	ホ	ホ	ホ	ホ

マ 마[ma]		マ	マ	マ	マ	マ	マ
ミ 미[mi]			ミ	ミ	ミ	ミ	ミ
ム 무[mu]		ム	ム	ム	ム	ム	ム
メ 메[me]	ノ	メ	メ	メ	メ	メ	メ
モ 모[mo]	一	二	モ	モ	モ	モ	モ

ヤ 야[ya]	ヤ	ヤ	ヤ	ヤ	ヤ	ヤ	ヤ

ユ 유[yu]	ユ	ユ	ユ	ユ	ユ	ユ	ユ

ヨ 요[yo]	ヨ	ヨ	ヨ	ヨ	ヨ	ヨ	ヨ

헷갈리는 글자 똑바로 쓰기

シ	ツ	コ	ユ
시	츠	코	유
オ	ネ	ホ	モ
오	네	호	모

ラ	라[ra]	一	ラ	ラ	ラ	ラ	ラ	ラ
リ	리[ri]	｜	リ	リ	リ	リ	リ	リ
ル	루[ru]	ノ	ル	ル	ル	ル	ル	ル
レ	레[re]	レ	レ	レ	レ	レ	レ	レ
ロ	로[ro]	｜	冂	ロ	ロ	ロ	ロ	ロ

ワ 와[wa]	㇐	ワ	ワ	ワ	ワ	ワ	ワ

ヲ 오[o]	一	ニ	ヲ	ヲ	ヲ	ヲ	ヲ

ン 응[n]	ヽ	ン	ン	ン	ン	ン	ン

헷갈리는 글자 똑바로 쓰기

ソ 소　ン 응

ラ 라　ヲ 오

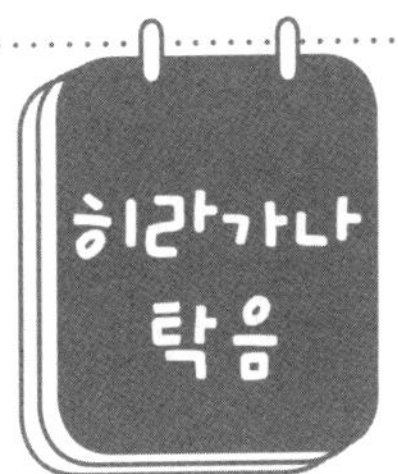

が	가[ga]
ぎ	기[gi]
ぐ	구[gu]
げ	게[ge]
ご	고[go]

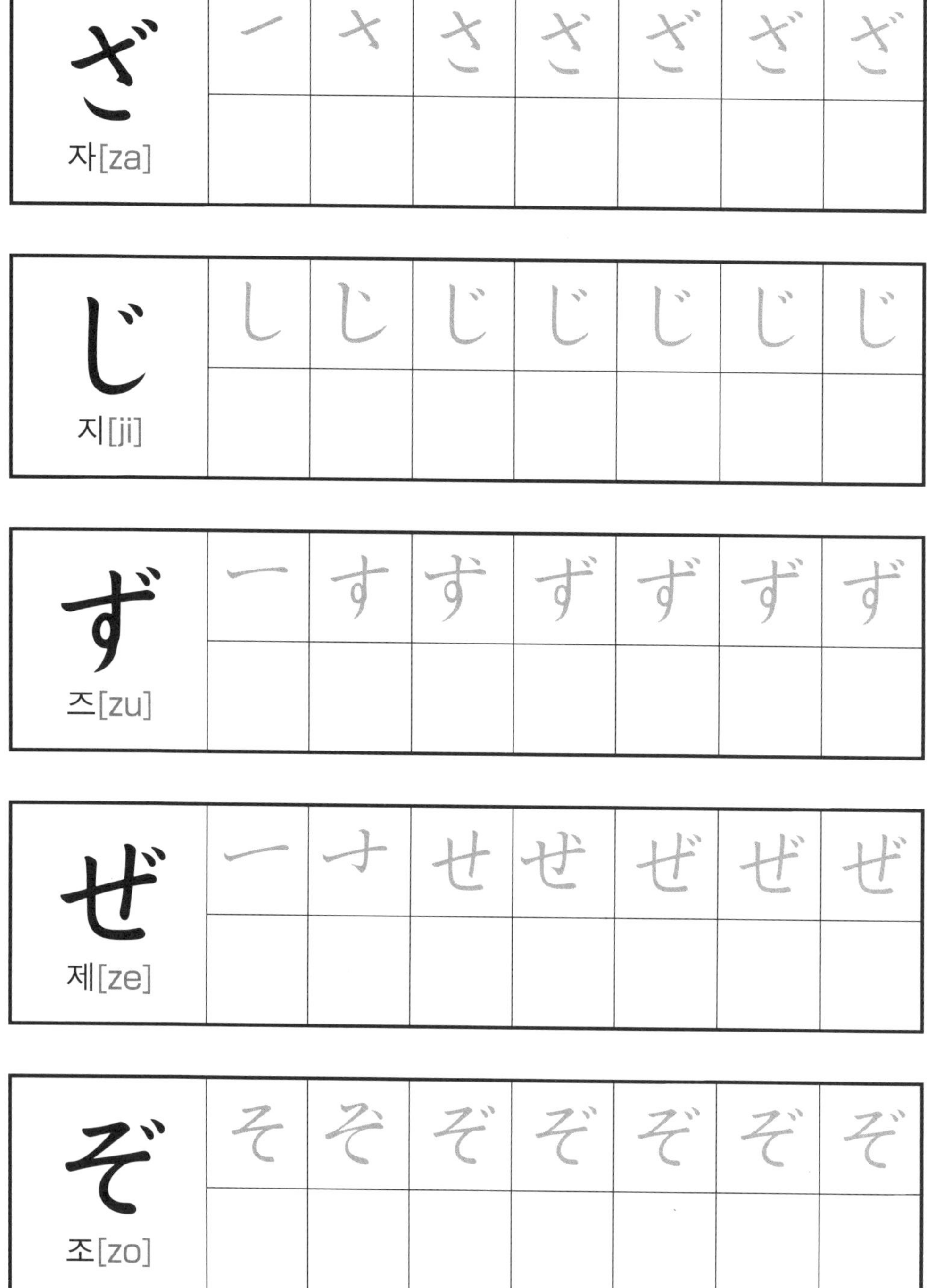
ざ
자[za]
じ
지[ji]
ず
즈[zu]
ぜ
제[ze]
ぞ
조[zo]

だ 다[da]	一	ナ	た	た	だ	だ	だ

ぢ 지[ji]	一	ち	ち	ぢ	ぢ	ぢ	ぢ

づ 즈[zu]	つ	づ	づ	づ	づ	づ	づ

で 데[de]	て	で	で	で	で	で	で

ど 도[do]	丨	と	ど	ど	ど	ど	ど

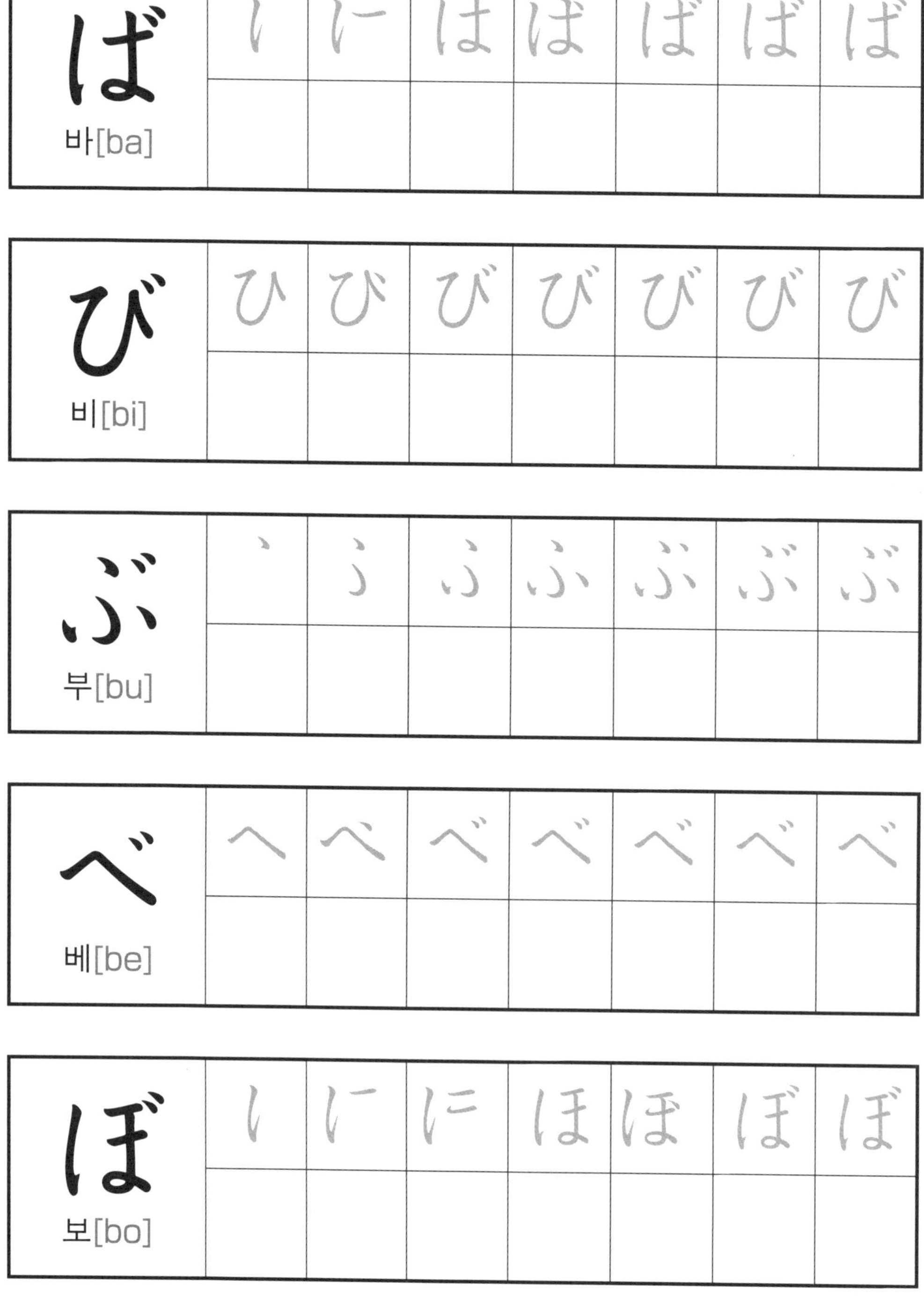
ば
바[ba]
び
비[bi]
ぶ
부[bu]
べ
베[be]
ぼ
보[bo]

ガ 가[ga]	フ	カ	ガ	ガ	ガ	ガ	ガ

ギ 기[gi]	一	二	キ	ギ	ギ	ギ	ギ

グ 구[gu]	ノ	ク	グ	グ	グ	グ	グ

ゲ 게[ge]	ノ	𠂉	ケ	ゲ	ゲ	ゲ	ゲ

ゴ 고[go]	㇕	コ	ゴ	ゴ	ゴ	ゴ	ゴ

ザ
자[za]
ジ
지[ji]
ズ
즈[zu]
ゼ
제[ze]
ゾ
조[zo]

ダ 다[da]	ノ	ク	タ	ダ	ダ	ダ	ダ

ヂ 지[ji]	一	二	チ	ヂ	ヂ	ヂ	ヂ

ヅ 즈[zu]	丶	丷	ツ	ヅ	ヅ	ヅ	ヅ

デ 데[de]	一	二	テ	デ	デ	デ	デ

ド 도[do]	丨	ト	ド	ド	ド	ド	ド

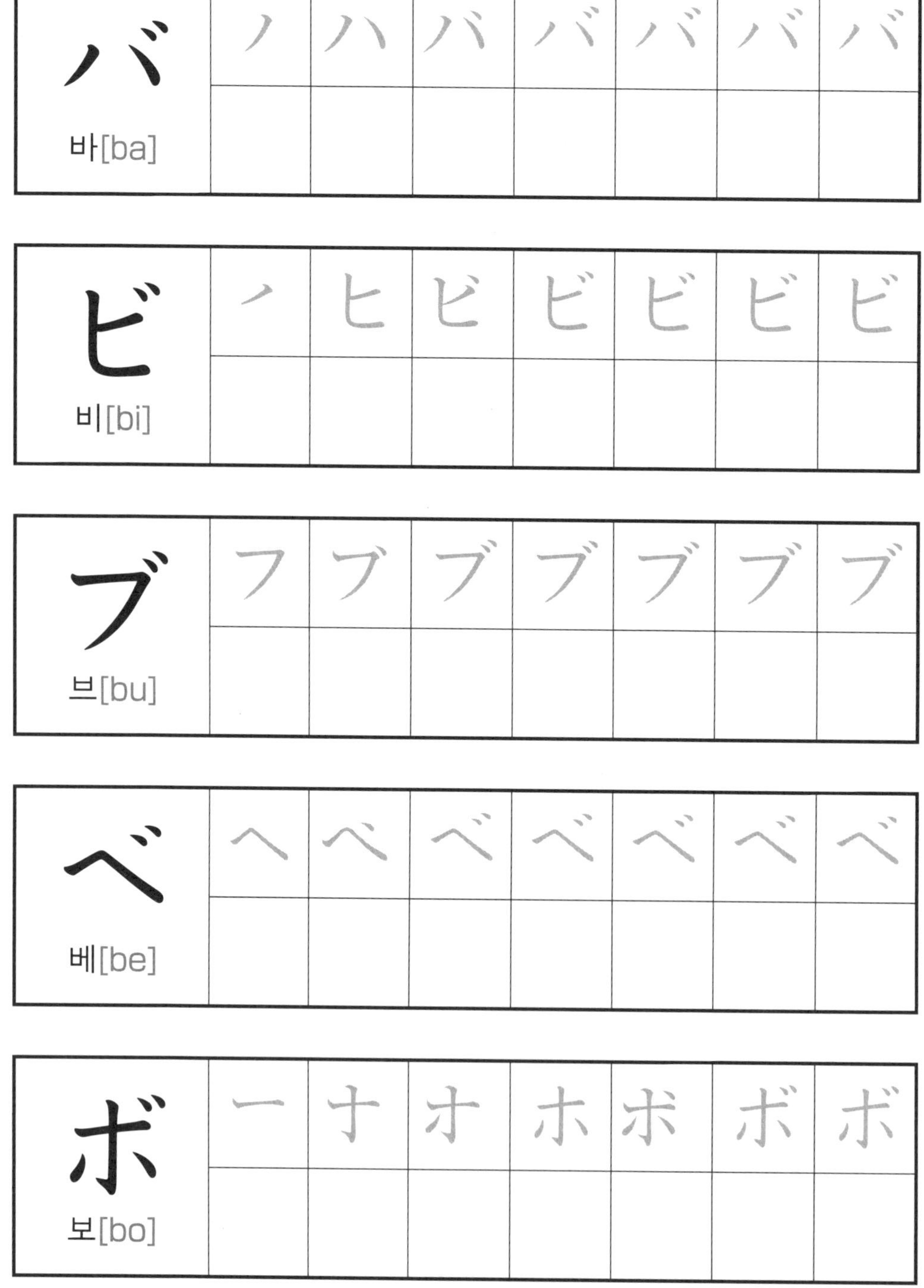
バ
바[ba]
ビ
비[bi]
ブ
브[bu]
ベ
베[be]
ボ
보[bo]

ぱ 파[pa]			は	ぱ	ぱ	ぱ	ぱ

ぴ 피[pi]	ひ	ぴ	ぴ	ぴ	ぴ	ぴ	ぴ

ぷ 푸[pu]				ふ	ぷ	ぷ	ぷ

ぺ 페[pe]	へ	ぺ	ぺ	ぺ	ぺ	ぺ	ぺ

ぽ 포[po]				ほ	ぽ	ぽ	ぽ

パ 파[pa]	ノ	ハ	パ	パ	パ	パ	パ
ピ 피[pi]	ノ	ヒ	ピ	ピ	ピ	ピ	ピ
プ 푸[pu]	フ	プ	プ	プ	プ	プ	プ
ペ 페[pe]	ヘ	ペ	ペ	ペ	ペ	ペ	ペ
ポ 포[po]	一	十	才	ホ	ポ	ポ	ポ

きゃ 캬[kya]	きゃ	きゅ 큐[kyu]	きゅ	きょ 쿄[kyo]	きょ

ぎゃ 갸[gya]	ぎゃ	ぎゅ 규[gyu]	ぎゅ	ぎょ 교[gyo]	ぎょ

しゃ 샤[sha]	しゃ	しゅ 슈[shu]	しゅ	しょ 쇼[sho]	しょ

じゃ 쟈[ja]	じゃ	じゅ 쥬[ju]	じゅ	じょ 죠[jo]	じょ

ちゃ 챠[cha]	ちゃ	ちゅ 츄[chu]	ちゅ	ちょ 쵸[cho]	ちょ

にゃ 냐[nya]	にゃ	にゅ 뉴[nyu]	にゅ	にょ 뇨[nyo]	にょ

ひゃ 햐[hya]	ひゃ	ひゅ 휴[hyu]	ひゅ	ひょ 효[hyo]	ひょ

びゃ 뱌[bya]	びゃ	びゅ 뷰[byu]	びゅ	びょ 뵤[byo]	びょ

ぴゃ 퍄[pya]	ぴゃ	ぴゅ 퓨[pyu]	ぴゅ	ぴょ 표[pyo]	ぴょ

みゃ 먀[mya]	みゃ	みゅ 뮤[myu]	みゅ	みょ 묘[myo]	みょ

りゃ 랴[rya]	りゃ	りゅ 류[ryu]	りゅ	りょ 료[ryo]	りょ

キャ 캬[kya]	キャ	キュ 큐[kyu]	キュ	キョ 쿄[kyo]	キョ

ギャ 갸[gya]	ギャ	ギュ 규[gyu]	ギュ	ギョ 교[gyo]	ギョ

シャ 샤[sha]	シャ	シュ 슈[shu]	シュ	ショ 쇼[sho]	ショ

ジャ 자[ja]	ジャ	ジュ 쥬[ju]	ジュ	ジョ 죠[jo]	ジョ

チャ 챠[cha]	チャ	チュ 츄[chu]	チュ	チョ 쵸[cho]	チョ

ニャ 냐[nya]	ニャ	ニュ 뉴[nyu]	ニュ	ニョ 뇨[nyo]	ニョ

ヒャ 햐[hya]	ヒャ	ヒュ 휴[hyu]	ヒュ	ヒョ 효[hyo]	ヒョ

ビャ 뱌[bya]	ビャ	ビュ 뷰[byu]	ビュ	ビョ 뵤[byo]	ビョ

ピャ 퍄[pya]	ピャ	ピュ 퓨[pyu]	ピュ	ピョ 표[pyo]	ピョ

ミャ	ミャ	ミュ	ミュ	ミョ	ミョ
먀[mya]		뮤[myu]		묘[myo]	

リャ	リャ	リュ	リュ	リョ	リョ
랴[rya]		류[ryu]		료[ryo]	

동양books

www.dongyangbooks.com

www.dongyangtv.com

이름

첫걸음 베스트 1위!

가장 쉬운
러시아어 첫걸음의 모든 것
16,000원

가장 쉬운
이탈리아어 첫걸음의 모든 것
17,500원

가장 쉬운
포르투갈어 첫걸음의 모든 것
18,000원

가장 쉬운
터키어 첫걸음의 모든 것
16,500원

버전업! 가장 쉬운
아랍어 첫걸음
18,500원

가장 쉬운
인도네시아어 첫걸음의 모든 것
18,500원

가장 쉬운
영어 첫걸음의 모든 것
16,500원

버전업! 굿모닝
독학 일본어 첫걸음
14,500원

가장 쉬운
중국어 첫걸음의 모든 것
14,500원

500만 독자가 선택한

가장 쉬운
독학 일본어 첫걸음
14,000원

가장 쉬운
독학 중국어 첫걸음
14,000원

가장 쉬운
독학 베트남어 첫걸음
15,000원

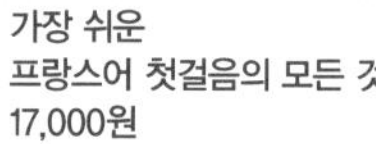

가장 쉬운
독학 스페인어 첫걸음
15,000원

가장 쉬운
프랑스어 첫걸음의 모든 것
17,000원

가장 쉬운
독일어 첫걸음의 모든 것
18,000원

가장 쉬운
스페인어 첫걸음의 모든 것
14,500원

버전업! 가장 쉬운
베트남어 첫걸음
16,000원

버전업! 가장 쉬운
태국어 첫걸음
16,800원

일본어 펜맨십

동양books

어뱅크

★★★★★

문자부터 실무까지 한 번에

호텔 실무

일본어 회화 기초

김태연 저

동양북스

문자부터 실무까지 한 번에

호텔 실무

일본어 회화 기초

초판 인쇄 | 2018년 7월 10일
초판 발행 | 2018년 7월 25일

지은이 | 김태연
발행인 | 김태웅
편집장 | 강석기
편 집 | 신선정
일러스트 | 윤병철
디자인 | 김효정
마케팅 총괄 | 나재승
마케팅 | 서재욱, 김귀찬, 오승수, 조경현, 양수아
온라인 마케팅 | 김철영, 양윤모
제 작 | 현대순
총 무 | 김진영, 안서현, 최여진, 강아담
관 리 | 김훈희, 이국희, 김승훈

발행처 | (주)동양북스
등 록 | 제 2014-000055호
주 소 | 서울시 마포구 동교로22길 12 (04030)
전 화 | (02)337-1737
팩 스 | (02)334-6624

http://www.dongyangbooks.com

ISBN 979-11-5768-410-6 13730

이 도서의 국립중앙도서관 출판예정도서목록(CIP)은 서지정보유통지원시스템 홈페이지(http://seoji.nl.go.kr)와 국가자료공동목록시스템(http://www.nl.go.kr/ kolisnet)에서 이용하실 수 있습니다.(CIP제어번호:CIP2018020267)

머리말

한국인에게 일본어는 매우 배우기 쉬운 언어이다. 특히 영어 등의 외국어 학습에서 어려움을 겪었던 학습자라면, 무엇보다도 한국어와 어순이 같다는 점에서 쉽게 접근할 수 있는 언어이기도 하다. 더구나 같은 한자문화권에 속해 있어서 조금이라도 한자를 배운 경험이 있는 사람이라면 다른 언어와는 비교가 되지 않을 정도로 탁월한 학습효과를 보인다.

그러나 일본어도 외국어인 만큼 기초부터 착실하게 학습하지 않으면 안 된다. 특히 동사, 형용사, 조동사 등의 활용과 한자읽기는 기초단계의 일본어 학습자들이 반드시 익히고 넘어가야 할 중요한 요소이다.

이 책은 호텔서비스 직무에 종사하고자 하는 일본어 학습자들이 실무와 관련된 일본어 문형을 손쉽게 학습할 수 있도록 하기 위하여 집필하였으며 그 내용과 구성은 다음과 같다.

먼저 이 책의 내용은, 제1과와 제2과를 제외하면, 한국을 방문한 일본인 관광객이 입국 후 호텔 체크인에서 체크아웃을 하기까지의 중요한 장면을 담고 있다. 이 과정에서 주고받게 되는 기본적인 일본어 회화를 상황에 맞추어 자연스럽게 응용할 수 있도록 하였다.

각 과의 구성은 우선 본문과 문형해설을 통하여 기본적인 호텔실무회화를 익힌 후 문형 연습을 통하여 문형 해설에서 학습한 문형을 연습하고, 회화 연습을 통하여 각 과의 상황에 맞는 실무회화를 응용 연습할 수 있도록 하였다. 그리고 각 과마다 본문과 연습문제에서 나온 한자를 익힐 수 있도록 한자 연습을 따로 마련하였다.

아무쪼록 이 교재가 호텔서비스 산업에 종사하고자 하는 학습자를 위해 도움이 되기를 바란다.

2018년 7월

저자

이 책의 구성과 특징

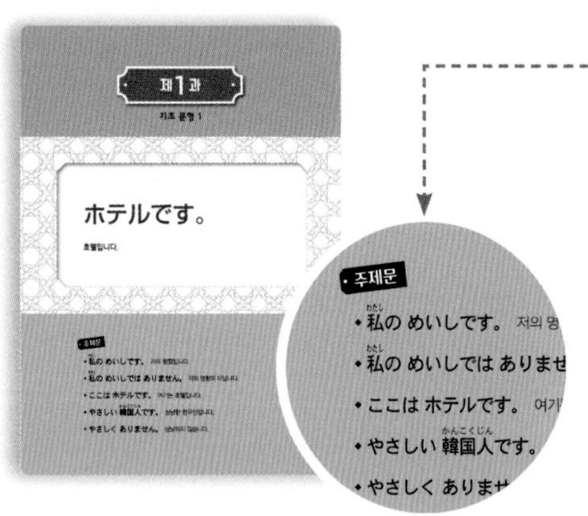

들어가기 & 주제문

본격적인 학습에 들어가기에 앞서 각 과의 핵심 문형을 미리 살펴봅니다.

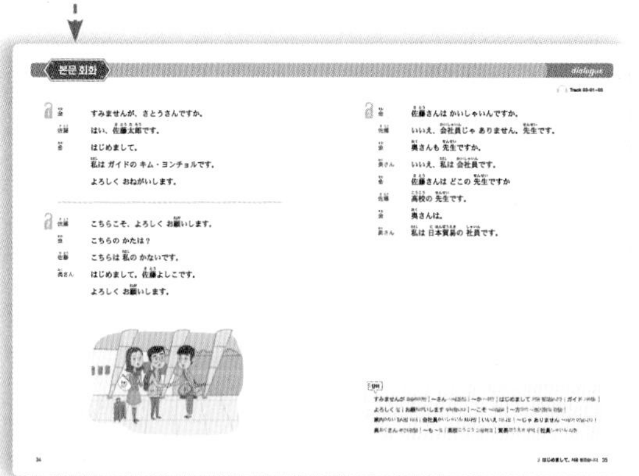

본문 회화

대화문을 통하여 호텔 실무에서 사용되는 핵심 문형을 익힘으로써 학습자들이 쉽게 일본어 회화에 적응할 수 있도록 합니다.

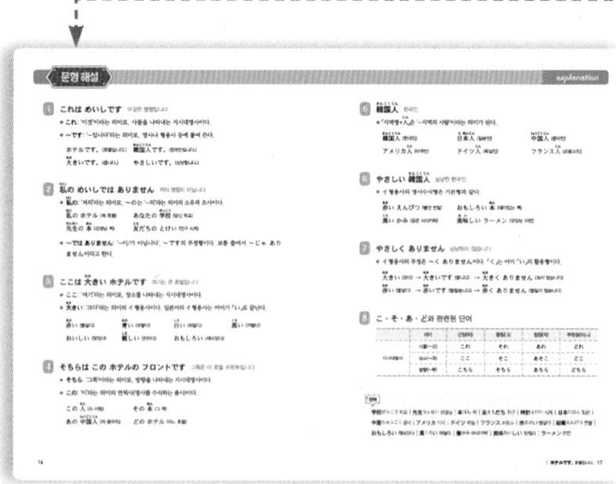

문형 해설

대화문에 사용된 중요 문법이나 표현, 어휘 등을 체계적으로 설명하고 있어 해당 문법에 대한 이해의 폭을 넓힐 수 있습니다.

문형 연습

학습자 스스로가 문형을 연습하면서 문형 해설에서 학습한 중요 문법과 표현에 대한 응용 능력을 기를 수 있습니다.

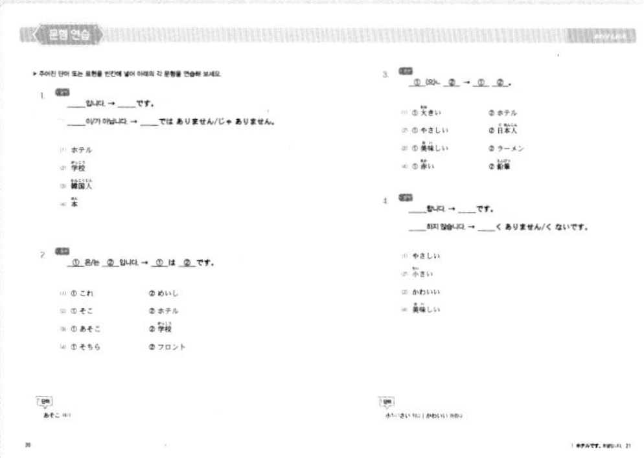

회화 연습

각 과에서 배운 호텔실무일본어를 마무리하는 연습 문제입니다. 다양한 유형의 연습 문제를 통하여 말하기 실력을 키울 수 있습니다.

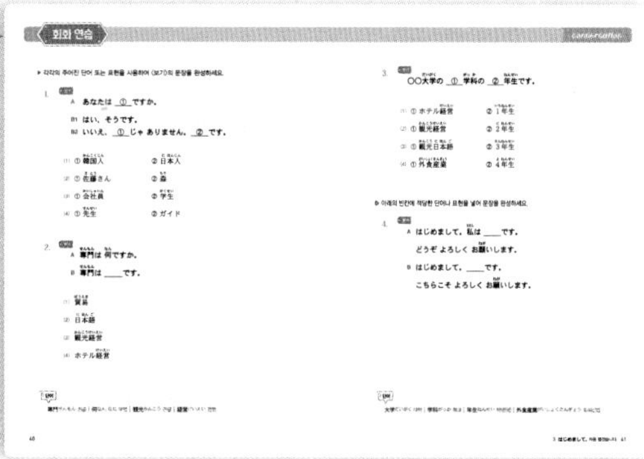

한자 연습

각 과에 등장하는 여러 단어들을 직접 써 보면서 한자어 중심으로 중요 단어들을 복습할 수 있습니다.

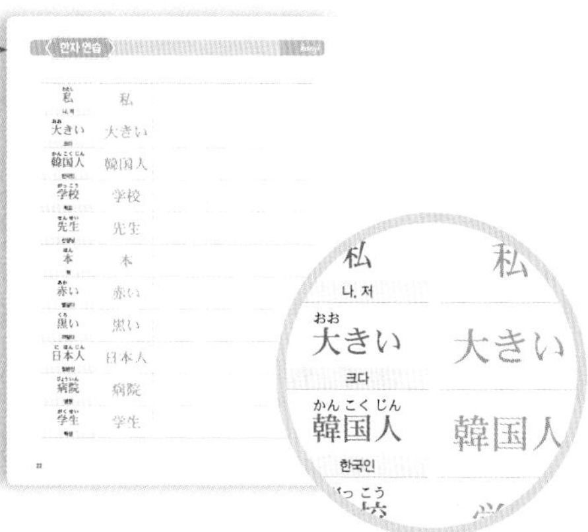

목차

부록

일본어와 오십음도(五十音図)

1 일본어란 어떤 언어인가

1) 일본어의 성립

일본어의 기원에 대해서는 몇 가지 가설이 있지만 확실하지는 않다. 어순이 같다는 점 등의 문법적 유사성 때문에 한국어와 가장 가깝다고 생각할 수도 있으나 동일 어원으로 추정되는 기초어휘의 수가 극히 적으며, 또 고대 신라나 고구려의 언어와 유사할 것이라고 보는 가설도 있지만 남아 있는 자료가 극소수에 불과하기 때문에 그것을 입증하기는 매우 어렵다. 오히려 음운체계나 어휘 등으로 볼 때 남방계 오스트로네시아어족과의 유사성도 관찰되고 있다. 최근에는 타밀어와의 관련성도 보고되지만, 일반적으로는 남방언어를 기층으로 해서 북방계 알타이어가 혼재되어 있으며 거기에 야요이 시대 이후 한반도계 언어가 유입됨으로써 일본어를 형성했다고 보는 견해가 지배적이다.

일본어 문자의 기원은 4세기경 한자를 바탕으로 그 한자를 변형하여 8세기경부터 사용하기 시작했다는 것이 일반적이다. 가나가 만들어지기 전에는 만요가나라고 해서 한자의 뜻과 음을 빌려 일본어를 표기하는 우리의 이두식 표기법이 존재하였다. 일본어의 문자는 음절문자인 히라가나와 가타카나로 이루어져 있다. 히라가나는 한자의 초서체를 간략화해서 만든 문자로 700년경부터 주로 여성이 일본의 시가인 와카나 소설, 수필, 일기 등을 기록하기 위해 발달하였으며, 가타카나는 한자의 변이나 방 등 그 일부분을 따서 만든 문자로 원래는 한문을 읽기 위한 표기였으나 남자들이 주로 관공서에서 사용하였고 현재는 외국어나 의성·의태어, 전보문 등의 표기에 사용한다.

2) 현대의 일본어

현대의 일본어는 아래와 같이 약 100여개 정도의 음절로 구성된다.

❶ 청음(清音): 맑게 나는 소리로 오십음도의 음을 말한다.

❷ 탁음(濁音): 목이 떨려 나오는 음으로 오십음도의「カ・サ・タ・ハ」행의 가나에 탁음부호인 〈〃〉을 붙여서 표기하는「ガ・ザ・ダ・バ」의 각 행의 음절을 말한다.

❸ 반탁음(半濁音): 오십음도의 ハ행의 가나에 반탁음부호 〈°〉를 붙여서 표기하는「パ・ピ・プ・ペ・ポ」의 음절을 말한다. 양순음의 무성파열음 [p]를 두음으로 갖는 음절이다.

❹ 요음(拗音): 일본어 음절 중에「きゃ」,「きゅ」,「きょ」,「ひゃ」,「びゃ」,「ぴゃ」등과 같이 가나 두 문자로 하나의 음절을 이루고 있는 것을 말한다.

❺ 촉음(促音):「つ」,「ッ」를 작게 표기한다.「こっか (国家)」등과 같이, 가나 두 문자로 하나의 음절을 이루고 있는 것을 말한다.

❻ 발음(撥音): 비음의 유성자음만으로 한 음절을 이루는 것. 발음 시에는 뒤의 음의 영향으로 [m], [n], [ng], [N] 등으로 발음한다.

❼ 외래어: 일본어에서 외래어는 가타카나로 표기한다. 또한 일본어의 외래어 표기의 특징은 철자에 맞추어 표기하려는 경향이 있다.

3) 한자

일본어 학습에 있어서 힘든 요소 중의 하나가 한자를 읽는 방법에 관한 것이다. 즉, 우리나라는 한자를 음으로만 읽는 데 비하여 일본어에서는 음독과 훈독, 그리고 '음+훈', '훈+음' 등 읽는 방법이 다양하다.

또한 일본어는 같은 한자라도 그 단어가 유입된 시기에 따라서 발음이 달라지는 경우가 있다. 예를 들면 '行'을 교(行政: ぎょうせい), 고(行動: こうどう), 안(行燈: あんどん) 등으로 읽는 것이다. 이는 오음(吳音), 한음(漢音), 당음(唐音)이라고 불리는 것으로, 각 단어가 어느 시기에 일본에 들어왔는지를 알 수 있는 근거가 된다.

❶ 음독(정음): 한자를 음만으로 읽는 방법이다.
 예) 山(さん, 산), 国(こく, 나라), 人(じん/にん, ~사람)

❷ 훈독(정훈): 한자를 뜻만으로 읽는 방법이다.
 예) 山(やま, 산), 国(くに, 나라), 人(ひと, 사람)

❸ 섞어 읽기: 한자의 음이 2음절 이상일 때
 ㄱ. 유토요미(湯桶読み): 앞 한자를 훈으로, 뒤의 한자를 음으로 읽는 방법이다.
 예) 見本(みほん, 견본)
 ㄴ. 주바코요미(重箱読み): 앞의 한자를 음으로, 뒤의 한자를 훈으로 읽는 방법이다.
 예) 台所(だいどころ, 부엌)

❹ 국자(일본식 한자): 일본에서 만들어진 한자이다.
 예) 峠(とうげ, 산마루), 辻(つじ, 네거리)

오십음도 Ⅱ

▶ 히라가나 오십음도

	あ行	か行	さ行	た行	な行	は行	ま行	や行	ら行	わ行	
あ段	あ	か	さ	た	な	は	ま	や	ら	わ	ん
	A	KA	SA	TA	NA	HA	MA	YA	RA	WA	NG
い段	い	き	し	ち	に	ひ	み	い	り	(ゐ)	
	I	KI	SHI	TSI	NI	HI	MI	I	RI	(WI)	
う段	う	く	す	つ	ぬ	ふ	む	ゆ	る	う	
	U	KU	SU	TSU	NU	HU	MU	YU	RU	(U)	
え段	え	け	せ	て	ね	へ	め	え	れ	(ゑ)	
	E	KE	SE	TE	NE	HE	ME	E	RE	(WE)	
お段	お	こ	そ	と	の	ほ	も	よ	ろ	を	
	0	K0	S0	T0	N0	H0	M0	Y0	R0	0	

▶ 가타카나 오십음도

	ア行	カ行	サ行	タ行	ナ行	ハ行	マ行	ヤ行	ラ行	ワ行	
ア段	ア	カ	サ	タ	ナ	ハ	マ	ヤ	ラ	ワ	ン
	A	KA	SA	TA	NA	HA	MA	YA	RA	WA	NG
イ段	イ	キ	シ	チ	ニ	ヒ	ミ	イ	リ	(ヰ)	
	I	KI	SHI	TSI	NI	HI	MI	I	RI	(WI)	
ウ段	ウ	ク	ス	ツ	ヌ	フ	ム	ユ	ル	ウ	
	U	KU	SU	TSU	NU	HU	MU	YU	RU	(U)	
エ段	エ	ケ	セ	テ	ネ	ヘ	メ	エ	レ	(ヱ)	
	E	KE	SE	TE	NE	HE	ME	E	RE	(WE)	
オ段	オ	コ	ソ	ト	ノ	ホ	モ	ヨ	ロ	ヲ	
	0	K0	S0	T0	N0	H0	M0	Y0	R0	0	

오십음도 연습표

▶ 빈칸에 알맞은 히라가나를 넣어 50음도표를 완성하세요.

あ	い		え	
か			け	
	し			そ
	ち			と
な				の
	ひ	ふ	へ	
ま			め	
や				
	り		れ	
				を
				ん

기초 문형 1

ホテルです。

호텔입니다.

• 주제문

- 私(わたし)の めいしです。 저의 명함입니다.
- 私(わたし)の めいしでは ありません。 저의 명함이 아닙니다.
- ここは ホテルです。 여기는 호텔입니다.
- やさしい 韓国人(かんこくじん)です。 상냥한 한국인입니다.
- やさしく ありません。 상냥하지 않습니다.

기초 문장

1 めいし。

めいしです。

これは めいしです。

これは 私(わたし)の めいしです。

それは 私(わたし)の めいしでは ありません。

2 ホテル。

ホテルです。

ここは ホテルです。

大(おお)きい ホテルです。

ここは 大(おお)きい ホテルです。

Track 01-01~04

3 フロント。

フロントです。

そちらは フロントです。

この ホテルの フロントです。

そちらは この ホテルの フロントです。

---

4 かんこくじん。

韓国人(かんこくじん)です。

韓国人(かんこくじん)は やさしいです。

あなたは やさしい 韓国人(かんこくじん)です。

その 人(ひと)は やさしく ありません。

단어

めいし 명함 | ~です ~입니다 | これ 이것 | ~は ~은/는 | 私わたし 나, 저 | ~の ~의 | それ 그것 | ~では ありません ~이/가 아닙니다 | ホテル 호텔 | ここ 여기 | 大おおきい 크다 | フロント 프런트 | そちら 그쪽 | この 이 | 韓国人かんこくじん 한국인 | やさしい 상냥하다 | あなた 당신 | その 그 | 人ひと 사람 | やさしく ありません 상냥하지 않습니다

문형 해설

1 これは めいしです 이것은 명함입니다

◆ **これ**: '이것'이라는 의미로, 사물을 나타내는 지시대명사이다.

◆ **〜です**: '~입니다'라는 의미로, 명사나 형용사 등에 붙여 쓴다.

ホテルです。(호텔입니다.)　韓国人(かんこくじん)です。(한국인입니다.)

大(おお)きいです。(큽니다.)　やさしいです。(상냥합니다.)

2 私(わたし)の めいしでは ありません 저의 명함이 아닙니다

◆ **私(わたし)の**: '저의'라는 의미로, 〜の는 '~의'라는 의미의 소유격 조사이다.

私(わたし)の ホテル (제 호텔)　あなたの 学校(がっこう) (당신 학교)

先生(せんせい)の 本(ほん) (선생님 책)　友(とも)だちの とけい (친구 시계)

◆ **〜では ありません**: '~이/가 아닙니다'. 〜です의 부정형이다. 보통 줄여서 〜じゃ ありません이라고 한다.

3 ここは 大(おお)きい ホテルです 여기는 큰 호텔입니다

◆ **ここ**: '여기'라는 의미로, 장소를 나타내는 지시대명사이다.

◆ **大(おお)きい**: '크다'라는 의미의 イ형용사이다. 일본어의 イ형용사는 어미가 「い」로 끝난다.

赤(あか)い (빨갛다)　青(あお)い (파랗다)　白(しろ)い (하얗다)　黒(くろ)い (까맣다)

おいしい (맛있다)　親(した)しい (친하다)　おもしろい (재미있다)

4 そちらは この ホテルの フロントです 그쪽은 이 호텔 프런트입니다

◆ **そちら**: '그쪽'이라는 의미로, 방향을 나타내는 지시대명사이다.

◆ **この**: '이'라는 의미의 연체사(명사를 수식하는 품사)이다.

この 人(ひと) (이 사람)　その 本(ほん) (그 책)

あの 中国人(ちゅうごくじん) (저 중국인)　どの ホテル (어느 호텔)

5 韓国人(かんこくじん) 한국인

◆「지역명+人(じん)」은 '~지역의 사람'이라는 의미가 된다.

韓国人(かんこくじん) (한국인) 日本人(にほんじん) (일본인) 中国人(ちゅうごくじん) (중국인)

アメリカ人(じん) (미국인) ドイツ人(じん) (독일인) フランス人(じん) (프랑스인)

6 やさしい 韓国人(かんこくじん) 상냥한 한국인

◆ イ 형용사의 명사수식형은 기본형과 같다.

赤(あか)い えんぴつ (빨간 연필) おもしろい 本(ほん) (재미있는 책)

黒(くろ)い かみ (검은 머리카락) 美味(おい)しい ラーメン (맛있는 라면)

7 やさしく ありません 상냥하지 않습니다.

◆ イ 형용사의 부정은 ～く ありません이다.「く」는 어미「い」의 활용형이다.

大(おお)きい (크다) → 大(おお)きいです (큽니다) → 大(おお)きく ありません (크지 않습니다)

赤(あか)い (빨갛다) → 赤(あか)いです (빨갛습니다) → 赤(あか)く ありません (빨갛지 않습니다)

8 こ・そ・あ・ど와 관련된 단어

	의미	근칭(이)	중칭(그)	원칭(저)	부정칭(어느)
지시대명사	사물(~것)	これ	それ	あれ	どれ
	장소(~곳)	ここ	そこ	あそこ	どこ
	방향(~쪽)	こちら	そちら	あちら	どちら

단어

学校がっこう 학교 | 先生せんせい 선생님 | 本ほん 책 | 友ともだち 친구 | 時計とけい 시계 | 日本にほん 일본 | 中国ちゅうごく 중국 | アメリカ 미국 | ドイツ 독일 | フランス 프랑스 | 赤あかい 빨갛다 | 鉛筆えんぴつ 연필 | おもしろい 재미있다 | 黒くろい 까맣다 | 髪かみ 머리카락 | 美味おいしい 맛있다 | ラーメン 라면

기본 문형

1 명사 문장: 명사+です/では ありません ~입니다/~이(가) 아닙니다

ホテル (호텔) → ホテルです/ホテルでは ありません (호텔입니다/호텔이 아닙니다)

韓国人(かんこくじん) (한국인) → 韓国人(かんこくじん)です/韓国人(かんこくじん)では ありません (한국인입니다/한국인이 아닙니다)

2 지시대명사

◆ 사물의 지시대명사

それは 本(ほん)です。(그것은 책입니다.)

コーヒーは どれですか。(커피는 어느 것입니까?)

◆ 장소의 지시대명사

ここは ホテルです。(여기는 호텔입니다.)

あそこは 病院(びょういん)です。(저기는 병원입니다.)

◆ 방향의 지시대명사

こちらは おトイレです。(이쪽은 화장실입니다.)

コーヒーショップは どちらですか。(커피숍은 어느 쪽입니까?)

3 인칭대명사

◆ 1인칭 대명사: 私(わたし), おれ, ぼく

私(わたし)は 韓国人(かんこくじん)です。(저는 한국인입니다.)

◆ 2인칭 대명사: あなた, きみ, おまえ

あなたは 日本人(にほんじん)ですか。(당신은 일본인입니까?)

◆ 3인칭 대명사: かれ, かのじょ, この人(ひと), その人(ひと), あの人(ひと)

彼(かれ)は 中国人(ちゅうごくじん)です。(그는 중국인입니다.)

◆ 부정칭 대명사: だれ, どなた

学生(がくせい)は だれですか。(학생은 누구입니까?)

4 명사연결형: 명사+の+명사 ~의 ~

私(わたし)の めいしです。(제 명함입니다.)

この ホテルの フロントです。(이 호텔 프런트입니다.)

5 イ형용사 문장1: イ형용사+です ~ㅂ니다

やさしい (상냥하다) → やさしいです (상냥합니다)

大(おお)きい (크다) → 大(おお)きいです (큽니다)

6 イ형용사 문장2: イ형용사의 어간+く ありません/く ないです

~지 않습니다

やさしい (상냥하다) → やさしく ありません/やさしく ないです (상냥하지 않습니다)

大(おお)きい (크다) → 大(おお)きく ありません/大(おお)きく ないです (크지 않습니다)

7 イ형용사의 명사수식형(연체형)

◆ イ형용사가 명사를 수식할 때는 기본형과 동일한 형태로 수식한다.

大(おお)きい (크다) → 大(おお)きい ホテル (큰 호텔)

やさしい (상냥하다) → やさしい 人(ひと) (상냥한 사람)

美味(おい)しい (맛있다) → 美味(おい)しい すし (맛있는 스시)

단어

コーヒー 커피 | どれ 어느 것 | 病院びょういん 병원 | おトイレ 화장실 | コーヒーショップ 커피숍 |
おれ 나 | ぼく 나 | きみ 자네 | おまえ 너 | 彼かれ 그 | 彼女かのじょ 그녀 | だれ 누구 | どなた 어느 분 |
すし 스시, 초밥

문형 연습

▶ 주어진 단어 또는 표현을 빈칸에 넣어 아래의 각 문형을 연습해 보세요.

1. 보기

_____입니다. → _____です。

_____이/가 아닙니다. → _____では ありません/じゃ ありません。

(1) ホテル

(2) 学校(がっこう)

(3) 韓国人(かんこくじん)

(4) 本(ほん)

2. 보기

__①__은/는 __②__입니다. → __①__は __②__です。

(1) ① これ　② めいし

(2) ① そこ　② ホテル

(3) ① あそこ　② 学校(がっこう)

(4) ① そちら　② フロント

단어

あそこ 저기

3. 보기

_①_(으)ㄴ _②_ → _①_ _②_。

(1) ① 大(おお)きい　② ホテル

(2) ① やさしい　② 日本人(にほんじん)

(3) ① 美味(おい)しい　② ラーメン

(4) ① 赤(あか)い　② 鉛筆(えんぴつ)

4. 보기

_____합니다. → _____です。

_____하지 않습니다. → _____く ありません/く ないです。

(1) やさしい

(2) 小(ちい)さい

(3) かわいい

(4) 美味(おい)しい

단어

小(ちい)さい 작다 | かわいい 귀엽다

한자	연습			
わたし 私 나, 저	私			
おお 大きい 크다	大きい			
かんこくじん 韓国人 한국인	韓国人			
がっこう 学校 학교	学校			
せんせい 先生 선생님	先生			
ほん 本 책	本			
あか 赤い 빨갛다	赤い			
くろ 黒い 까맣다	黒い			
にほんじん 日本人 일본인	日本人			
びょういん 病院 병원	病院			
がくせい 学生 학생	学生			

제2과

기초 문형 2

ゆう めい
有名な ホテルです。

유명한 호텔입니다.

• 주제문

- ゆうめい
  有名な ホテルです。 유명한 호텔입니다.
- ロビーは きれいです。 로비는 깨끗합니다.
- しず　こうえん
  静かな 公園です。 조용한 공원입니다.
- しず
  静かでは ありません。 조용하지 않습니다.
- わたし　す
  私の 好きな すしです。 제가 좋아하는 스시입니다.

기초 문장

1 ホテル。

ホテルです。

ホテルは ゆうめいです。

有名(ゆうめい)な ホテルです。

ここは 有名(ゆうめい)な ホテルです。

2 ロビー。

ロビーです。

ロビーは きれいです。

きれいな ロビーです。

そこは きれいな ロビーでは ありません。

Track 02-01~04

3 こうえん。

しずかです。

公園(こうえん)は 静(しず)かです。

静(しず)かな 公園(こうえん)です。

あそこの 公園(こうえん)は 静(しず)かでは ありません。

4 すし。

すきです。

すしが 好(す)きです。

私(わたし)は すしが 好(す)きです。

私(わたし)の 好(す)きな すしです。

단어

有名ゆうめいだ 유명하다 | ロビー 로비 | きれいだ 깨끗하다, 예쁘다 | 公園こうえん 공원 |
静しずかだ 조용하다 | 好すきだ 좋아하다 | ~が ~이/가

문형 해설

1 有名です 유명합니다

◆ **有名です**: ナ형용사 有名だ의 어간 有名에 정중체인 ～です(~ㅂ니다)가 붙은 말이다.

有名だ (유명하다) → 有名です (유명합니다)

きれいだ (깨끗하다) → きれいです (깨끗합니다)

静かだ (조용하다) → 静かです (조용합니다)

2 有名な ホテル 유명한 호텔

◆ **有名な**: ナ형용사 有名だ의 명사수식형(연체형)이다.

有名だ (유명하다) → 有名な (유명한)　　有名な ホテル (유명한 호텔)

きれいだ (깨끗하다) → きれいな (깨끗한)　　きれいな 部屋 (깨끗한 방)

好きだ (좋아하다) → 好きな (좋아하는)　　好きな 人 (좋아하는 사람)

3 あそこの 公園は 静かでは ありません 저기의 공원은 조용하지 않습니다

◆ ナ형용사의 부정은 ～では ありません/じゃ ありません이다.

有名だ (유명하다) → 有名では ありません (유명하지 않습니다)

きれいだ (깨끗하다) → きれいでは ありません (깨끗하지 않습니다)

静かだ (조용하다) → 静かでは ありません (조용하지 않습니다)

4 すしが 好きです 스시를 좋아합니다

◆ 好きです(좋아합니다) 앞에는 조사 ～が(~이/가)를 사용한다. 한국인이 틀리기 쉬운 용법이니 숙지하여야 한다.

あなたが 好きです。(당신을 좋아합니다.)

映画が 好きです。(영화를 좋아합니다.)

友だちが 好きです。(친구를 좋아합니다.)

5 イ형용사와 ナ형용사의 구별

◆ 일본어의 형용사는 형태상으로 イ형용사와 ナ형용사로 나뉜다.

① **イ형용사** : 어미가 「い」로 끝나며 명사를 수식할 때 「い」의 형태가 변하지 않고 기본형 그대로 명사를 수식한다.

やさしい (상냥하다) → やさしい 人(ひと) (상냥한 사람)

美味(おい)しい (맛있다) → 美味(おい)しい すし (맛있는 스시)

＊부정형

やさしい (상냥하다) → やさしく ない (상냥하지 않다)

やさしいです (상냥합니다)→ やさしく ありません/やさしく ないです (상냥하지 않습니다)

② **ナ형용사** : 어미가 「だ」로 끝나며 명사를 수식할 때 「だ」가 「な」로 바뀐 후 수식한다.

有名(ゆうめい)だ (유명하다) → 有名(ゆうめい)な ホテル (유명한 호텔)

好(す)きだ (좋아하다) → 好(す)きな 人(ひと) (좋아하는 사람)

＊부정형

有名(ゆうめい)だ (유명하다) → 有名(ゆうめい)で ない (유명하지 않다)

有名(ゆうめい)です (유명합니다) → 有名(ゆうめい)で ありません/有名(ゆうめい)では ないです (유명하지 않습니다)

단어

部屋へや 방 | **映画**えいが 영화

기본 문형

1 연체사 この, その, あの, どの 이, 그, 저, 어느

ホテル (호텔) → この ホテル (이 호텔)

公園(こうえん) (공원) → その 公園(こうえん) (그 공원)

人(ひと) (사람) → あの 人(ひと) (저 사람)

本(ほん) (책) → どの 本(ほん) (어느 책)

2 ナ형용사 문장1 : ナ형용사+です ~ㅂ니다

有名(ゆうめい)だ (유명하다) → 有名(ゆうめい)です (유명합니다)

好(す)きだ (좋아하다) → 好(す)きです (좋아합니다)

静(しず)かだ (조용하다) → 静(しず)かです (조용합니다)

3 ナ형용사 문장2 : ナ형용사+では ありません/じゃ ありません ~지 않습니다

有名(ゆうめい)だ (유명하다) → 有名(ゆうめい)では ありません

有名(ゆうめい)じゃ ありません (유명하지 않습니다)

静(しず)かだ (조용하다) → 静(しず)かでは ありません

静(しず)かじゃ ありません (조용하지 않습니다)

4 ナ형용사의 명사수식형

きれいだ (깨끗하다)＋ロビー (로비) → きれいな ロビー (깨끗한 로비)

好(す)きだ (좋아하다)＋友(とも)だち (친구) → 好(す)きな 友(とも)だち (좋아하는 친구)

静(しず)かだ (조용하다)＋公園(こうえん) (공원) → 静(しず)かな 公園(こうえん) (조용한 공원)

5 の의 용법

◆ 격조사 '~의'

私(わたし)の めいし (저(의) 명함)

ホテルの フロント (호텔(의) 프런트)

日本語(にほんご)の 本(ほん) (일본어(의) 책)

◆ 격조사 '~이/가' : 명사를 수식하는 절일 때 ～が대신 ～の를 사용

私(わたし)が 好(す)きな すし(×) → 私(わたし)の 好(す)きな すし (제가 좋아하는 스시)

名前(なまえ)が 有名(ゆうめい)な ホテル(×) → 名前(なまえ)の 有名(ゆうめい)な ホテル (이름이 유명한 호텔)

단어

日本語にほんご 일본어 | 名前なまえ 이름

문형 연습

▶ 주어진 단어 또는 표현을 빈칸에 넣어 아래의 각 문형을 연습해 보세요.

1. 보기

___①___ 은/는 ___②___ 합니다/하지 않습니다.

→ ___①___ は ___②___ です/では ありません。

(1) ① ここ ② 有名(ゆうめい)だ

(2) ① そこ ② きれいだ

(3) ① 彼(かれ) ② 親切(しんせつ)だ

(4) ① その 公園(こうえん) ② 好(す)きだ

2. 보기

___①___ 한 ___②___ 입니다/이 아닙니다.

→ ___①___ な ___②___ です/では ありません。

(1) ① 有名(ゆうめい)だ ② 学校(がっこう)

(2) ① 静(しず)かだ ② 人(ひと)

(3) ① きれいだ ② 病院(びょういん)

(4) ① 好(す)きだ ② ホテル

단어

親切しんせつだ 친절하다

3. • 보기

__①__이/가 __②__하는 __③__ → __①__ __②__ __③__

(1) ① 私(わたし) ② 好(す)きだ ③ 女(おんな)の子(こ)

(2) ① あなた ② 好(す)きだ ③ 料理(りょうり)

(3) ① 先生(せんせい) ② 好(す)きだ ③ ホテル

(4) ① 友(とも)だち ② 好(す)きだ ③ 本(ほん)

4. • 보기

__①__은/는 __②__을/를 좋아합니다 → __①__ **は** __②__ **が 好(す)きです。**

(1) ① 先生(せんせい) ② 韓国料理(かんこくりょうり)

(2) ① 彼(かれ) ② 先生(せんせい)

(3) ① 日本人(にほんじん) ② すし

(4) ① 韓国人(かんこくじん) ② キムチ

단어

女おんなの子こ 여자, 여자아이 | 料理りょうり 요리 | キムチ 김치

한자 연습 kanji

ゆうめい 有名だ 유명하다	有名だ		
こうえん 公園 공원	公園		
しず 静かだ 조용하다	静かだ		
す 好きだ 좋아하다	好きだ		
とも 友だち 친구	友だち		
へや 部屋 방	部屋		
えいが 映画 영화	映画		
にほんご 日本語 일본어	日本語		
なまえ 名前 이름	名前		
しんせつ 親切だ 친절하다	親切だ		
りょうり 料理 요리	料理		

제3과

공항에서 미팅

はじめまして。

처음 뵙겠습니다.

・주제문

- すみません。 죄송합니다.
- はじめまして。 처음 뵙겠습니다.
- 私(わたし)は キム・ヨンチョルです。 저는 김영철입니다.
- よろしく お願(ねが)いします。 잘 부탁드립니다.

본문 회화

1

金(きむ)　すみませんが、さとうさんですか。

佐藤(さとう)　はい、佐藤太郎(さとうたろう)です。

金(きむ)　はじめまして。

私(わたし)は ガイドの キム・ヨンチョルです。

よろしく おねがいします。

2

佐藤(さとう)　こちらこそ、よろしく お願(ねが)いします。

金(きむ)　こちらの かたは？

佐藤(さとう)　こちらは 私(わたし)の かないです。

奥(おく)さん　はじめまして。佐藤(さとう)よしこです。

よろしく お願(ねが)いします。

dialogue

Track 03-01~03

3

金(きむ)　佐藤(さとう)さんは かいしゃいんですか。

佐藤(さとう)　いいえ、会社員(かいしゃいん)じゃ ありません。先生(せんせい)です。

金(きむ)　奥(おく)さんも 先生(せんせい)ですか。

奥(おく)さん　いいえ、私(わたし)は 会社員(かいしゃいん)です。

金(きむ)　佐藤(さとう)さんは どこの 先生(せんせい)ですか

佐藤(さとう)　高校(こうこう)の 先生(せんせい)です。

金(きむ)　奥(おく)さんは。

奥(おく)さん　私(わたし)は 日本貿易(にほんぼうえき)の 社員(しゃいん)です。

단어

すみませんが 죄송하지만 | ～さん ～씨(존칭) | ～か ～까? | はじめまして 처음 뵙겠습니다 | ガイド 가이드 | よろしく 잘 | お願ねがいします 부탁합니다 | ～こそ ～야말로 | ～方かた ～분(사람의 경칭) | 家内かない 집사람, 아내 | 会社員かいしゃいん 회사원 | いいえ 아니요 | ～じゃ ありません ～이/가 아닙니다 | 奥おくさん 부인(경칭) | ～も ～도 | 高校こうこう 고등학교 | 貿易ぼうえき 무역 | 社員しゃいん 사원

문형 해설

1 ～です/ですか ～입니다/입니까?

◆ **～ですか**: '～입니까?'의 의미이며, ～か는 '～까'에 해당하는 의문종조사이다.

本(ほん)です → 本(ほん)ですか (책입니까?)

先生(せんせい)です → 先生(せんせい)ですか (선생님입니까?)

2 ～さん, ～かた ～씨, ～분

◆ ～さん은 '～씨'에 해당하는 말로 사람의 이름에 접속한다.

田中(たなか)さん (다나카 씨)　　鈴木(すずき)さん (스즈키 씨)　　金(きむ)さん (김 씨)　　李(い)さん (이 씨)

◆ ～かた는 '～사람'에 해당하는 ～人(ひと)의 경어표현으로 지시대명사에 접속한다.

この かた (이 분)　　その かた (그 분)　　あの かた (저 분)

こちらの かた (이쪽 분)　　どちらの かた (어느 쪽 분)

3 こちらこそ 이쪽이야말로, 저야말로

◆ こちら는 '이쪽'이라는 방향을 나타내는 지시대명사이다.

◆ ～こそ는 '～야말로'라는 부조사이다.

今度(こんど)こそ、よろしく お願(ねが)いします。(이번에야말로 잘 부탁드립니다.)

4 家内(かない), 奥(おく)さん 아내/집사람, 부인/사모님

◆ 家内(かない)는 아내, 안사람, 집사람이라는 뜻이며, 奥(おく)さん은 존경어로 '부인, 사모님'이다.

私(わたし)の 家内(かない) (우리 집사람)

あなたの 奥(おく)さん (당신 부인)

鈴木(すずき)さんの 奥(おく)さん (스즈키 씨의 부인)

5 조사 ～は, ～も, ～の의 용법

◆ **～は**: '～은/는'에 해당하는 부조사이다.

私(わたし)は (저는)　　あなたは (당신은)

◆ **～も**: '～도'에 해당하는 부조사이다.

私(わたし)も (저도)　　あなたも (당신도)

◆ **～の**: '～의'에 해당하는 격조사이며, 체언을 동반한다.

私(わたし)の 学校(がっこう) (우리 학교)　　鈴木(すずき)さんの 辞書(じしょ) (스즈키 씨의 사전)

私(わたし)の 雑誌(ざっし) (제 잡지)　　韓国(かんこく)の 国民(こくみん) (한국 국민)

6 인사말 (あいさつの言葉(ことば))

한국어	상황	일본어
처음 뵙겠습니다.	첫 대면	はじめまして。
잘 부탁드립니다.	부탁	よろしく おねがいします。
안녕하세요.	아침 인사	おはようございます。
안녕하세요.	낮 인사	こんにちは。
안녕하세요.	저녁 인사	こんばんは。
안녕히 주무세요.	잘 때	おやすみなさい。
감사합니다.	감사	ありがとうございます。
안녕.	헤어질 때	さようなら。

단어

今度こんど 이번 | 辞書じしょ 사전 | 雑誌ざっし 잡지 | 国民こくみん 국민

문형 연습

▶ 주어진 단어 또는 표현을 빈칸에 넣어 아래의 각 문형을 연습해 보세요.

1. 보기

＿①＿は＿②＿ですか。

(1) ① あなた　② 学生(がくせい)

(2) ① こちら　② どなた

(3) ① あちらの かた　② 日本人(にほんじん)

(4) ① あの 人(ひと)　② 会社員(かいしゃいん)

2. 보기

A ＿①＿は＿②＿ですか。

B1 はい、＿②＿です。

B2 いいえ、＿②＿じゃ ありません。

(1) ① あなた　② 韓国人(かんこくじん)

(2) ① この かた　② 先生(せんせい)

(3) ① 彼(かれ)　② 大学生(だいがくせい)

(4) ① あれ　② ホテル

단어

大学生だいがくせい 대학생

3. 보기

A すみません。あなたは ＿①＿ さんですか。

B1 はい、そうです。私(わたし)は ＿①＿ です。

B2 いいえ、＿②＿ です。

(1) ① 金(きむ)　② 李(い)

(2) ① 田中(たなか)　② 佐藤(さとう)

(3) ① ハナ　② チエ

(4) ① ブラウン　② トム

4. 보기

私(わたし)は ＿①＿ の ＿②＿ です。

よろしく お願(ねが)いします。

(1) ① ○○大学(だいがく)　② 자기 이름

(2) ① ソウルホテル　② 자기 이름

(3) ① 韓国貿易(かんこくぼうえき)　② 자기 이름

(4) ① 韓国航空(かんこくこうくう)　② 자기 이름

단어

そうです 그렇습니다 | ソウル 서울 | 航空こうくう 항공

회화 연습

▶ 각각의 주어진 단어 또는 표현을 사용하여 〈보기〉의 문장을 완성하세요.

1. 보기

A あなたは ①ですか。

B1 はい、そうです。

B2 いいえ、①じゃ ありません。②です。

(1) ① 韓国人(かんこくじん)　② 日本人(にほんじん)

(2) ① 佐藤(さとう)さん　② 森(もり)

(3) ① 会社員(かいしゃいん)　② 学生(がくせい)

(4) ① 先生(せんせい)　② ガイド

2. 보기

A 専門(せんもん)は 何(なん)ですか。

B 専門(せんもん)は ____です。

(1) 貿易(ぼうえき)

(2) 日本語(にほんご)

(3) 観光経営(かんこうけいえい)

(4) ホテル経営(けいえい)

단어

専門せんもん 전공, 전문 | **何**なん, なに 무엇 | **観光**かんこう 관광 | **経営**けいえい 경영

3. 보기

○○大学(だいがく)の ＿①＿ 学科(がっか)の ＿②＿ 年生(ねんせい)です。

(1) ① ホテル経営(けいえい)　② 1年生(いちねんせい)

(2) ① 観光経営(かんこうけいえい)　② 2年生(にねんせい)

(3) ① 観光日本語(かんこうにほんご)　② 3年生(さんねんせい)

(4) ① 外食産業(がいしょくさんぎょう)　② 4年生(よねんせい)

▶ 아래의 빈칸에 적당한 단어나 표현을 넣어 문장을 완성하세요.

4. 보기

A はじめまして。私(わたし)は ＿＿＿です。

どうぞ よろしく お願(ねが)いします。

B はじめまして。＿＿＿です。

こちらこそ よろしく お願(ねが)いします。

단어

大学だいがく 대학 | 学科がっか 학과 | 年生ねんせい 학년(생) | 外食産業がいしょくさんぎょう 외식산업

かいしゃいん 会社員 회사원	会社員			
おく 奥さん 부인	奥さん			
ざっし 雑誌 잡지	雑誌			
だいがくせい 大学生 대학생	大学生			
ぼうえき 貿易 무역	貿易			
せんもん 専門 전공, 전문	専門			
かんこう 観光 관광	観光			
けいえい 経営 경영	経営			
ねんせい 年生 학년(생)	年生			
がいしょく 外食 외식	外食			
さんぎょう 産業 산업	産業			

공항에서

それは 何(なん)ですか。

그것은 무엇입니까?

주제문

- **それは 何(なん)ですか。** 그것은 무엇입니까.
- **雨(あめ)の ために。** 비 때문에.
- **ありがとうございます。** 감사합니다.
- **あそこは トイレでは ありません。** 저기는 화장실이 아닙니다.
- **あちらも 銀行(ぎんこう)ですか。** 저쪽도 은행입니까?

본문 회화

1

金(きむ)　佐藤(さとう)さん、これ。

佐藤(さとう)　それは 何(なん)ですか。

金(きむ)　かさです。雨(あめ)の ために。

佐藤(さとう)　ありがとうございます。

2

奥(おく)さん　おトイレは。

金(きむ)　おトイレ、ここです。

佐藤(さとう)　あそこも トイレですか。

金(きむ)　いいえ、あそこは トイレでは ありません。
事務室(じむしつ)です。

dialogue

Track 04-01~04

3

奥(おく)さん　この ホテルの 名前(なまえ)は 何(なん)ですか。

金(きむ)　インチョン空港(くうこう)ホテルです。

奥(おく)さん　バスのりばは どちらですか。

金(きむ)　バス乗(の)り場(ば)は あちらです。

4

奥(おく)さん　こちらは どこですか。

金(きむ)　そちらは ぎんこうです。

奥(おく)さん　あちらも 銀行(ぎんこう)ですか。

金(きむ)　いいえ、そうじゃ ありません。あちらは 食堂(しょくどう)です。

단어

傘かさ 우산 | 雨あめ 비 | ~の ために ~때문에, ~을/를 위해서 | ありがとうございます 감사합니다 | トイレ 화장실 | 事務室じむしつ 사무실 | インチョン 인천 | 空港くうこう 공항 | バス 버스 | 乗のり場ば 타는 곳, 정류장 | 銀行ぎんこう 은행 | そうじゃ ありません 그렇지 않습니다 | 食堂しょくどう 식당

문형 해설

1 지시대명사 こそあど言葉(ことば)

◆ こ・そ・あ・ど 계열의 단어를 말한다.

◆ 때로 あ는 우리말의 '그'에 해당하는 말에도 쓰이는데, 그때는 상대방과 말하는 사람이 모두 알고 있다는 것을 나타낸다.

2 何(なん) 무엇, 부정칭의 지시대명사

◆ 뒤의 말에 따라 何(なん) 또는 何(なに)라고 발음된다.

何(なん)ですか。(무엇입니까?)　何(なん)か (무언가)　何人(なんにん) (몇 사람)

何(なに)を (무엇을)　何(なに)か (무언가)　何人(なにじん) (어느 나라 사람)

◆ 何人(なんにん)과 何人(なにじん)의 차이

何人(なんにん)ですか。(몇 사람입니까?)　何人(なにじん)ですか。(어느 나라 사람입니까?)

3 雨(あめ)の ために 비 때문에, 비를 위해서

◆ 문형분석 雨(비, 명사)+の(~의, 격조사)+ため(~때문, 명사)+に(~에, 조사)

◆ ~の ために는 '~때문에' 또는 '~을/를 위해서'라는 의미이다.

あなたの ために (당신 때문에, 당신을 위해서)　勉強(べんきょう)の ために (공부 때문에, 공부를 위해서)

4 おトイレは 화장실은?

◆ 일본어에서는 문장부호를 그다지 사용하지 않는다. 따라서 의문문일 경우 문장 뒤를 묻는 기분으로 약간 끌어 올리면 된다.

◆ **トイレ**: 화장실 'toilet'의 일본식 표기, お~는 의미 없이 공손하게 붙이는 말

お弁当(べんとう) (도시락)　おさら (접시)　お米(こめ) (쌀)

◆ お~는 존경의 의미를 나타내기도 한다.

お元気(げんき) (건강하심)　お疲(つか)れ様(さま)です。(수고하십니다.)

先生(せんせい)の お話(はなし) (선생님의 말씀)　お話(はなし) ありがとうございます。(말씀 감사합니다.)

5 この 이, 연체사

◆ 연체사란 체언을 연결 수식하는 역할을 하는 품사이다.

◆ この(이), その(그), あの(저), どの(어느) 등과 こんな(이러한), そんな(그러한), あんな(저러한), どんな(어떠한) 등이 있다.

この 人(ひと) (이 사람)　　その 病院(びょういん) (그 병원)

そんな 本(ほん) (그런 책)　　どんな ホテル (어떤 호텔)

6 そうじゃ ありません 그렇지 않습니다

✚ 문형분석 そう(그렇게, 부사)+じゃ ありません(~지 않습니다)

◆ こう(이렇게), そう(그렇게), ああ(저렇게), どう(어떻게)

こうです (이렇습니다) → こうじゃ ありません (이렇지 않습니다)

そうです (그렇습니다) → そうじゃ ありません (그렇지 않습니다)

ああです (저렇습니다) → ああじゃ ありません (저렇지 않습니다)

どうですか (어떻습니까?)

7 こそあど言葉(ことば) 정리

	의미	근칭(이)	중칭(그)	원칭(저)	부정칭(어느)
지시대명사	사물(~것)	これ	それ	あれ	どれ
	장소(~곳)	ここ	そこ	あそこ	どこ
	방향(~쪽)	こちら	そちら	あちら	どちら
부사	~렇게	こう	そう	ああ	どう
연체사	~의	この	その	あの	どの
	~러한	こんな	そんな	あんな	どんな

勉強べんきょう 공부 | 弁当べんとう 도시락 | 皿さら 접시 | 米こめ 쌀 | 元気げんき 기력 | 疲つかれ 피로 | 話はなし 이야기

문형 연습

▶ 주어진 단어 또는 표현을 빈칸에 넣어 아래의 각 문형을 연습해 보세요.

1. • 보기

A ＿①＿は＿②＿ですか。

B ＿①＿は＿②＿です/じゃ ありません。

(1) ① これ　② かさ

(2) ① そこ　② めんぜいてん

(3) ① あちら　② 銀行(ぎんこう)

(4) ① あそこ　② 学校(がっこう)

2. • 보기

A ＿①＿は＿②＿ですか。

B ＿①＿は＿③＿です/じゃ ありません。

(1) ① おトイレ　② どこ　③ ここ

(2) ① 食堂(しょくどう)　② どこ　③ あそこ

(3) ① ホテル　② どちら　③ こちら

(4) ① 病院(びょういん)　② どちら　③ あちら

단어

免税店めんぜいてん 면세점

3. • 보기

___①___の ___②___

(1) ① こ(の) ② かさ

(2) ① あ(の) ② 人(ひと)

(3) ① 私(わたし) ② 鉛筆(えんぴつ)

(4) ① あなた ② お名前(なまえ)

4. • 보기

_____の ために

(1) あなた

(2) 私(わたし)

(3) 先生(せんせい)

(4) 家族(かぞく)

단어

お名前なまえ 성함 | 家族かぞく 가족

회화 연습

▶ 각각의 주어진 단어 또는 표현을 사용하여 〈보기〉의 문장을 완성하세요.

1. 보기

A これは 何(なん)ですか。

B それは ＿①＿ です。

A これも ＿①＿ ですか。

B いいえ、＿①＿ では ありません。＿②＿ です。

(1) ① ノート　② 本(ほん)

(2) ① 鉛筆(えんぴつ)　② ボールペン

(3) ① プルゴギ　② カルビ

(4) ① さしみ　② すし

2. 보기

A すみません。＿①＿ は どこですか。

B ＿①＿ は ＿②＿ です。

(1) ① 病院(びょういん)　② 学校(がっこう)の となり

(2) ① 駅(えき)　② むこう

(3) ① バスターミナル　② あそこ

(4) ① タクシー乗(の)り場(ば)　② 入(い)り口(ぐち)の 前(まえ)

단어

ノート 노트 | ボールペン 볼펜 | プルゴギ 불고기 | カルビ 갈비 | さしみ 생선회 | となり 옆 | 駅えき 역 | 向むこう 맞은편, 건너편 | バスターミナル 버스 터미널 | タクシー 택시 | 入いり口ぐち 입구 | 前まえ 앞

3. 보기

A すみません。 ＿①＿ は どちらですか。

B ＿①＿ は ＿②＿ です。

(1) ① トイレ　② こちら(こっち)

(2) ① 入(い)り口(ぐち)　② そちら(そっち)

(3) ① レストラン　② あちら(あっち)

(4) ① ホテル　② この 前(まえ)

4. 보기

A これは だれの ための ＿①＿ ですか。

B これは ＿②＿ の ための ＿①＿ です。

(1) ① もの　② わたし

(2) ① プレゼント　② あなた

(3) ① お土産(みやげ)　② 家族(かぞく)

(4) ① イベント　② 彼女(かのじょ)

단어

こっち 이쪽 | レストラン 레스토랑 | そっち 그쪽 | あっち 저 쪽 | もの 물건, ~것 | プレゼント 선물 | お土産みやげ 선물, 토산품 | イベント 이벤트

한자	따라 쓰기			
あめ 雨 비	雨			
じむしつ 事務室 사무실	事務室			
なん 何 무엇	何			
くうこう 空港 공항	空港			
の ば 乗り場 타는 곳, 정류장	乗り場			
ぎんこう 銀行 은행	銀行			
しょくどう 食堂 식당	食堂			
かぞく 家族 가족	家族			
えき 駅 역	駅			
い ぐち 入り口 입구	入り口			
みやげ お土産 선물, 토산품	お土産			

제 5 과

호텔에서

どの くらい ありますか。

얼마나 있습니까?

• 주제문

- 空港(くうこう)から 近(ちか)くて いいです。 공항에서 가깝고 좋습니다.
- 温泉(おんせん)は ありません。 온천은 없습니다.
- どの くらい ありますか。 얼마나 있습니까?
- ご家族(かぞく)は 何人(なんにん)ですか。 가족은 몇 명입니까?
- 母(はは)は いません。 어머니는 없습니다.

본문 회화

1

佐藤(さとう)　この ホテルは 空港(くうこう)から 近(ちか)くて いいですね。

金(きむ)　そうですね。しかし 市内(しない)が ちょっと 遠(とお)いです。

佐藤(さとう)　市内(しない)には ホテルが たくさん ありますか。

金(きむ)　はい、その 中(なか)で ソウルホテルが 一番(いちばん) いいです。

2

佐藤(さとう)　その ホテルに おんせんは ありますか。

金(きむ)　温泉(おんせん)は ありませんが、サウナは あります。

佐藤(さとう)　客室(きゃくしつ)は どの くらい ありますか。

金(きむ)　300室(さんびゃくしつ) あります。

Track 05-01~04

3

奥(おく)さん　金(きむ)さん、ご家族(かぞく)は 何人(なんにん)ですか。

金(きむ)　全部(ぜんぶ)で 6人(ろくにん)です。

奥(おく)さん　お子(こ)さんは 何人(なんにん) いますか。

金(きむ)　子供(こども)は 3人(さんにん) います。

4

奥(おく)さん　お母(かあ)さんも いますか。

金(きむ)　いいえ、母(はは)は いません。

奥(おく)さん　お子(こ)さんは 男(おとこ)の 子(こ)ですか。

金(きむ)　いいえ、男(おとこ)の 子(こ)が 二人(ふたり)と 女(おんな)の 子(こ)も 一人(ひとり) います。

단어

~から ~부터, ~에서 | 近ちかい 가깝다 | いい 좋다 | しかし 그러나 | 市内しない 시내 | ちょっと 조금 | 遠とおい 멀다 | たくさん 많이 | あります 있습니다 | ~の 中なかで ~중에서 | 一番いちばん 가장, 1번 | ~に ~에 | 温泉おんせん 온천 | ありません 없습니다 | ~が ~지만 | サウナ 사우나 | 客室きゃくしつ 객실 | くらい 정도 | 全部ぜんぶで 전부 | ~人にん ~명 | お子こさん 자녀분 | います 있습니다 | 子供こども 아이(들) | お母かあさん 어머니 | 母はは 어머니 | いません 없습니다 | 男おとこの 子こ 남자, 사내아이 | 二人ふたり 두 사람 | 一人ひとり 한 사람

문형 해설

1 近(ちか)くて 가깝고, 가까워서

◆ ～ては '～하고/～해서'라는 의미의 접속조사이다. イ형용사에 ～て를 연결할 때는 イ형용사의 어미「い」를「く」로 바꾼 후에 연결한다. 이것을 イ형용사의 て형이라고 한다.

やさしい (상냥하다) → やさしくて (상냥하고, 상냥해서)

大(おお)きい (크다) → 大(おお)きくて (크고, 커서)

2 ～ね ～(이)지요?, ～(이)군요

◆ ～ね는 종조사로 동의를 구하거나 또는 가벼운 감동이나 다짐을 나타낼 때 사용한다.

林(はやし)さんと 山下(やました)さんですね。(하야시 씨와 야마시타 씨지요?)

3 ～に ～에, 장소를 나타내는 격조사

学校(がっこう)に 教室(きょうしつ)が あります。(학교에 교실이 있습니다.)

公園(こうえん)に 木(き)が あります。(공원에 나무가 있습니다.)

学校(がっこう)に 学生(がくせい)が います。(학교에 학생이 있습니다.)

4 あります/ありません 있습니다/없습니다

◆ 문형분석 あります: ある(있다, 스스로 움직이지 못하는 것(사물/식물)의 존재, 동사)+ます(～ㅂ니다)

◆ 문형분석 ありません: あります(있습니다)+ん(부정)

雑誌(ざっし)が あります。(잡지가 있습니다.)

桜(さくら)の 木(き)が あります。(벚나무가 있습니다.)

病院(びょういん)は ありません。(병원은 없습니다.)

学校(がっこう)に ありません。(학교에 없습니다.)

5 ありませんが 없습니다만

◆ ～が는 '～지만'에 해당하는 역접의 접속조사이다. 의문종조사인 ～か나 주격조사인 ～が와는 다르다.

部屋(へや)は ありませんが。(역접을 나타내는 접속조사, 방은 없습니다만.)

部屋(へや)は ありませんか。(의문을 나타내는 종조사, 방은 없습니까?)

部屋(へや)が あります。(주격조사, 방이 있습니다.)

6 ご家族(かぞく) 가족 분

	祖父(そふ)(할아버지)	祖母(そぼ)(할머니)	父(ちち)(아버지)	母(はは)(어머니)
경칭	おじいさん	おばあさん	お父(とう)さん	お母(かあ)さん
	兄(あに)(형/오빠)	姉(あね)(누나/언니)	弟(おとうと)(남동생)	妹(いもうと)(여동생)
경칭	お兄(にい)さん	お姉(ねえ)さん	弟(おとうと)さん	妹(いもうと)さん
	おじ(아저씨)	おば(아줌마)	孫(まご)(손자)	子供(こども)(아이)
경칭	おじさん	おばさん	お孫(まご)さん	お子(こ)さん

7 います/いません 있습니다/없습니다

✚ 문형분석 います: いる(있다, 스스로 움직이는 것의 존재, 동사)+ます(~ㅂ니다)

✚ 문형분석 いません: います(있습니다, 생물(식물 제외) 등의 존재)+ん(부정)

人(ひと)が います。(사람이 있습니다.)

虫(むし)が います。(벌레가 있습니다.)

鳥(とり)は いません。(새는 없습니다.)

단어

教室きょうしつ 교실 | 木き 나무 | 桜さくらの木き 벚나무 | 虫むし 벌레 | 鳥とり 새

문형 연습

▶ 주어진 단어 또는 표현을 빈칸에 넣어 아래의 각 문형을 연습해 보세요.

1. • 보기

____が あります/ありません。

(1) 本(ほん)

(2) 鉛筆(えんぴつ)

(3) かばん

(4) コーヒーショップ

2. • 보기

____が います/いません。

(1) アメリカ人(じん)

(2) 韓国人(かんこくじん)

(3) 会社員(かいしゃいん)

(4) 男(おとこ)の人(ひと)

단어

かばん 가방 | 男おとこの人ひと 남자 | アメリカ人じん 미국인

3. 보기

A そこには 何(なに)が ありますか。

B そこには ＿①＿ と ＿②＿ が あります。

(1) ① 本(ほん)　② 雑誌(ざっし)

(2) ① ノート　② ボールペン

(3) ① かさ　② つえ

(4) ① 病院(びょういん)　② 薬局(やっきょく)

참고 **숫자 연습**

1	2	3	4	5	6	7	8	9	10
一(いち)	二(に)	三(さん)	四(し/よん/よ)	五(ご)	六(ろく)	七(しち/なな)	八(はち)	九(きゅう/く)	十(じゅう)
10	20	30	40	50	60	70	80	90	100
十(じゅう)	二十(にじゅう)	三十(さんじゅう)	四十(よんじゅう)	五十(ごじゅう)	六十(ろくじゅう)	七十(ななじゅう)	八十(はちじゅう)	九十(きゅうじゅう)	百(ひゃく)
백	이백	삼백	사백	오백	육백	칠백	팔백	구백	천
百(ひゃく)	二百(にひゃく)	三百(さんびゃく)	四百(よんひゃく)	五百(ごひゃく)	六百(ろっぴゃく)	七百(ななひゃく)	八百(はっぴゃく)	九百(きゅうひゃく)	千(せん)
천	이천	삼천	사천	오천	육천	칠천	팔천	구천	만
千(せん)	二千(にせん)	三千(さんぜん)	四千(よんせん)	五千(ごせん)	六千(ろくせん)	七千(ななせん)	八千(はっせん)	九千(きゅうせん)	万(まん)
일만	이만	삼만	사만	오만	육만	칠만	팔만	구만	십만
一万(いちまん)	二万(にまん)	三万(さんまん)	四万(よんまん)	五万(ごまん)	六万(ろくまん)	七万(ななまん)	八万(はちまん)	九万(きゅうまん)	十万(じゅうまん)
한 개	두 개	세 개	네 개	다섯 개	여섯 개	일곱 개	여덟 개	아홉 개	열 개
一(ひと)つ	二(ふた)つ	三(みっ)つ	四(よっ)つ	五(いつ)つ	六(むっ)つ	七(なな)つ	八(やっ)つ	九(ここの)つ	十(とお)

단어

つえ 지팡이 | 薬局やっきょく 약국 | 十じゅう 십 | 百ひゃく 백 | 千せん 천 | 万まん 만

회화 연습

▶ 각각의 주어진 단어 또는 표현을 사용하여 〈보기〉의 문장을 완성하세요.

1. • 보기

A 何号室(なんごうしつ)ですか。

B ＿①＿です。

(1) 1234号室(ごうしつ)

(2) 807号室(ごうしつ)

(3) 2312号室(ごうしつ)

(4) 53号室(ごうしつ)

2. • 보기

A ここに ＿①＿は ありますか。

B いいえ、＿②＿は ありますが、＿①＿は ありません。

(1) ① 食堂(しょくどう)　② カフェ

(2) ① 病院(びょういん)　② 薬局(やっきょく)

(3) ① ビール　② 日本酒(にほんしゅ)

(4) ① ホテル　② 旅館(りょかん)

단어

～号室ごうしつ ~호실 | カフェ 카페 | ビール 맥주 | 日本酒にほんしゅ 일본 술, 청주 |
旅館りょかん 여관, 일본의 전통 숙박시설

3. • 보기

A この ① に ② が 何人(なんにん) ぐらい いますか。

B この ① には ② が ③ います。

(1) ① ホテル ② 韓国人(かんこくじん) ③ 100人(にん)

(2) ① 教室(きょうしつ) ② 女(おんな)の人(ひと) ③ 15人(にん)

(3) ① 会社(かいしゃ) ② 日本人(にほんじん) ③ 一人(ひとり)

(4) ① 部屋(へや) ② 子供(こども) ③ 7人(にん)

▶ 아래의 빈칸에 적당한 단어나 표현을 넣어 문장을 완성하세요.

4. • 보기

A (상대방 이름) さんの ご家族(かぞく)は 何人(なんにん)ですか。

B 私(わたし)は (사람 수) 家族(かぞく)です。

(가족 명칭) と (가족 명칭) と (가족 명칭) が (사람 수) います。

• 참고 사람의 수를 나타내는 말

1명	2명	3명	4명	5명	6명	7명	8명	9명	10명
一人	二人	三人(さんにん)	四人(よにん)	五人(ごにん)	六人(ろくにん)	七人(ななにん)	八人(はちにん)	九人(きゅうにん)	十人(じゅうにん)

단어

女おんなの人ひと 여자

ちか 近い 가깝다	近い			
しない 市内 시내	市内			
いちばん 一番 가장, 1번	一番			
きゃくしつ 客室 객실	客室			
ぜんぶ 全部 전부	全部			
こども 子供 아이	子供			
きょうしつ 教室 교실	教室			
やっきょく 薬局 약국	薬局			
ごうしつ 号室 ~호실	号室			
にほんしゅ 日本酒 일본 술, 청주	日本酒			
りょかん 旅館 여관	旅館			

제 6 과

호텔 예약

部屋代(へやだい)は いくらですか。

방값은 얼마입니까?

• 주제문

- 1室(いっしつ)で いいです。 방 하나면 됩니다.
- 四月十一日(しがつじゅういちにち)。 4월 11일.
- いくらですか。 얼마입니까?
- オンドルなら 80,000ウォンです。 온돌이라면 80,000원입니다.
- オンドルより 安(やす)いです。 온돌보다 쌉니다.

본문 회화

1

予約がかり	はい。ソウルホテルです。
佐藤	きょう、部屋 ありますか。
予約がかり	はい、あります。何人さまですか。
佐藤	ふうふです。1室で いいです。

2

予約がかり	お名前は 何ですか。
佐藤	佐藤です。佐藤太郎。
予約がかり	今日、四月十一日、佐藤様 ご夫婦ですね。
佐藤	はい、よろしく お願いします。

Track 06-01~04

3

佐藤	部屋代は いくらですか。
予約がかり	ツインは 100,000ウォンです。
佐藤	少し やすい 部屋は ありませんか。
予約がかり	オンドルなら、80,000ウォンです。

4

佐藤	ほかには ありませんか。
予約がかり	オンドルより 安い 部屋は ありません。
佐藤	わかりました。オンドルに お願いします。
予約がかり	はい、かしこまりました。

단어

予約よやく 예약 | ～係がかり ～담당자 | 今日きょう 오늘 | 何人なんにんさま 몇 분 | 夫婦ふうふ 부부 | 1室いっしつ 한 방 | 四月十一日しがつじゅういちにち 4월 11일 | 部屋代へやだい 방값, 숙박비 | いくら 얼마 | ツイン 트윈 | 少すこし 조금 | 安やすい 싸다 | オンドル 온돌 | ～なら ~(이)라면 | ウォン 원 | ほかに 그 밖에 | ～より ~보다 | わかりました 알겠습니다 | かしこまりました 알겠습니다(わかりました의 겸양표현)

문형 해설

1 今日(きょう) 오늘

그저께	어제	오늘	내일	모레
おととい 一昨日	きのう 昨日	きょう 今日	あした 明日	あさって 明後日

2 1室で(いっしつ) 한 방으로, 방 하나로

◆ **～で**: '～에'의 의미의 격조사로, 총합 또는 범위를 나타낸다.

一つ(ひと)で (하나에)　　一人(ひとり)で (혼자서)

全部(ぜんぶ)で いくらですか。(모두 해서 얼마입니까?)

3 四月(しがつ) 4월

1월	2월	3월	4월	5월	6월	7월	8월	9월	10월	11월	12월
いちがつ 一月	にがつ 二月	さんがつ 三月	しがつ 四月	ごがつ 五月	ろくがつ 六月	しちがつ 七月	はちがつ 八月	くがつ 九月	じゅうがつ 十月	じゅういちがつ 十一月	じゅうにがつ 十二月

4 十一日(じゅういちにち) 11일

1일	2일	3일	4일	5일	6일	7일	8일	9일	10일
ついたち 一日	ふつか 二日	みっか 三日	よっか 四日	いつか 五日	むいか 六日	なのか 七日	ようか 八日	ここのか 九日	とおか 十日
11일	12일	13일	14일	15일	16일	17일	18일	19일	20일
じゅういちにち 十一日	じゅうににち 十二日	じゅうさんにち 十三日	じゅうよっか 十四日	じゅうごにち 十五日	じゅうろくにち 十六日	じゅうしちにち 十七日	じゅうはちにち 十八日	じゅうくにち 十九日	はつか 二十日
21일	22일	23일	24일	25일	26일	27일	28일	29일	30일
にじゅういちにち 二十一日	にじゅうににち 二十二日	にじゅうさんにち 二十三日	にじゅうよっか 二十四日	にじゅうごにち 二十五日	にじゅうろくにち 二十六日	にじゅうしちにち 二十七日	にじゅうはちにち 二十八日	にじゅうくにち 二十九日	さんじゅうにち 三十日

5 요일 표현

일요일	월요일	화요일	수요일	목요일	금요일	토요일
日曜日(にちようび)	月曜日(げつようび)	火曜日(かようび)	水曜日(すいようび)	木曜日(もくようび)	金曜日(きんようび)	土曜日(どようび)

* 일본에서는 요일을 말할 때 日曜(にちよう)/月曜(げつよう)처럼 日(び)를 생략하고 말하기도 한다.

6 オンドルなら 온돌이라면

◆ ～ならは '~(이)라면'의 의미로, 조동사 ～だ(~(이)다)의 가정형이다.

先生(せんせい) → 先生(せんせい)なら (선생님이라면)

ほしい → ほしいなら (원한다면)

静(しず)かだ → 静(しず)かなら (조용하다면)

行(い)く → 行(い)くなら (간다면)

7 オンドルより 온돌보다

◆ ～よりは '~보다'라는 뜻의 비교격조사이다.

あなたより (당신보다)

先生(せんせい)より (선생님보다)

私(わたし)より (나보다)

단어

～月がつ ~월 | ～曜日ようび ~요일 | 行いく 가다 | ほしい 원하다, 갖고 싶다

문형 연습

▶ 주어진 단어 또는 표현을 빈칸에 넣어 아래의 각 문형을 연습해 보세요.

1. 보기

___①___の ___②___ありますか。

(1) ① 8月20日(はちがつ はつか)　② 部屋(へや)

(2) ① 5月3日(ごがつみっか)　② ルーム

(3) ① 日曜日(にちようび)　② ＫＴＸ(ケーティーエックス)

(4) ① ソウル　② 切符(きっぷ)

2. 보기

A ___①___は いくらですか。

B ___①___は ___②___です。

(1) ① 部屋代(へやだい)　② 15万(まん)ウォン

(2) ① 香水(こうすい)　② 500ドル

(3) ① 時計(とけい)　② ２万円(まんえん)

(4) ① 切符(きっぷ)　② 3,700円(えん)

단어

ルーム 룸 | 日曜日にちようび 일요일 | 切符きっぷ 표, 티켓 | 香水こうすい 향수 | ドル 달러 | 円えん 엔

3. 보기

＿①＿なら＿②＿です。

(1) ① オンドル　② 安(やす)い

(2) ① ＫＴＸ(ケーティーエックス)　② 速(はや)い

(3) ① さしみ　② 美味(おい)しい

(4) ① 金持(かねも)ち　② いい

4. 보기

＿①＿より＿②＿は いません/ありません。

(1) ① あなた　② やさしい 人(ひと)

(2) ① ここ　② 静(しず)かな ホテル

(3) ① これ　② 安(やす)い 服(ふく)

(4) ① すし　② 美味(おい)しい 食(た)べ物(もの)

단어

速はやい 빠르다 | 金持かねもち 부자 | 服ふく 옷 | 食たべ物もの 음식

회화 연습

▶ 각각의 주어진 단어 또는 표현을 사용하여 〈보기〉의 문장을 완성하세요.

1. 보기

A 何人様(なんにんさま)ですか。

B ＿＿＿です。

(1) 一人(ひとり)

(2) 大人(おとな) 三人(さんにん)と 子供(こども) 二人(ふたり)

(3) 女(おんな) 7人(ななにん)

(4) 夫婦(ふうふ) 二人(ふたり)

2. 보기

A ＿①＿ は いくらですか。

B ＿②＿ です。

A ＿③＿のも ありますか。

B はい、＿③＿のも あります。

(1) ① 時計(とけい)　② 25万(まん)ウォン　③ 安(やす)い

(2) ① 部屋代(へやだい)　② 12,000円(えん)　③ 広(ひろ)い

(3) ① ボールペン　② 1ドル　③ 赤(あか)い

(4) ① バス代(だい)　② 200円(えん)　③ 速(はや)い

단어

大人おとな 어른 | 広ひろい 넓다 | バス代だい 버스 요금

3. 보기

A ＿①＿ありますか。

B はい、＿②＿なら あります。

A じゃ、それ、お願(ねが)いします。

(1) ① 部屋(へや)　② ツイン

(2) ① 飲(の)み物(もの)　② ジュース

(3) ① ボールペン　② 黒色(くろいろ)ボールペン

(4) ① くだもの　② いちご

4. 보기

A はい、ヒルトンホテルです。 B ＿①＿、部屋(へや) ありますか。

A 何泊(なんぱく)ですか。 B ＿②＿ です。

A 何人様(なんにんさま)ですか。 B ＿③＿ です。

A はい、かしこまりました。

(1) ① 5月5日(ごがついつか)　② 1泊(いっぱく)　③ 私(わたし) 一人(ひとり)

(2) ① あした　② 2泊(にはく)　③ 夫婦(ふうふ) 二人(ふたり)

(3) ① 土曜日(どようび)　② 4泊(よんぱく)　③ 家族(かぞく) 5人(ごにん)

(4) ① 週末(しゅうまつ)　② 7泊(ななはく)　③ 10人(じゅうにん)

단어

飲のみ物もの 마실 것 | ジュース 주스 | 黒色くろいろ 검정색 | くだもの 과일 | いちご 딸기 |
何泊なんぱく 몇 박 | 私一人わたしひとり 나 혼자 | 週末しゅうまつ 주말

漢字	연습			
ふうふ 夫婦 부부	夫婦			
すこ 少し 조금	少し			
にちようび 日曜日 일요일	日曜日			
きっぷ 切符 표	切符			
こうすい 香水 향수	香水			
とけい 時計 시계	時計			
かねも 金持ち 부자	金持ち			
ふく 服 옷	服			
たもの 食べ物 먹을 것	食べ物			
なんぱく 何泊 몇 박	何泊			
しゅうまつ 週末 주말	週末			

제7과

호텔 체크인

今日(きょう) 予約(よやく)しました。

오늘 예약했습니다.

주제문

- 予約(よやく)しました。 예약했습니다.
- お待(ま)ち ください。 기다려 주십시오.
- ご案内(あんない) します。 안내하겠습니다.
- エレベーターに 乗(の)ります。 엘리베이터를 탑니다.
- ルームサービスも できます。 룸서비스도 가능합니다.

본문 회화

1

クラーク　いらっしゃいませ。ご宿泊(しゅくはく)ですか。

佐藤(さとう)　はい。今日(きょう) 予約(よやく)しました。

クラーク　お名前(なまえ)は 何(なん)ですか。

佐藤(さとう)　佐藤(さとう)です。佐藤太郎(さとうたろう)。

クラーク　はい、少々(しょうしょう) お待(ま)ち ください。

◀ 잠시 후 ▶

クラーク　ここに お名前(なまえ)と ご住所(じゅうしょ)を 書(か)いて ください。

ルームは 1207号室(ごうしつ)です。

どうぞ、ごゆっくり。

Track 07-01~03

2 ベールマン　では、ルームに ご案内(あんない) します。

あの エレベーターに 乗(の)ります。

◀ 방에 들어가서 ▶

ベールマン　ここが おトイレです。

部屋(へや)の あかりの スイッチは ここに あります。

3 佐藤(さとう)　夕食(ゆうしょく)は どこで 食(た)べますか。

ベールマン　一階(いっかい)に 食堂(しょくどう)が あります。

そこで 食事(しょくじ)が できます。

部屋(へや)で 食(た)べる ルームサービスも できます。

단어

いらっしゃいませ 어서오세요 | ご～ 정중, 겸양의 뜻을 나타내는 접두어 | 宿泊しゅくはく 숙박 | 住所じゅうしょ 주소 | 書かいて ください 써 주십시오 | どうぞ 어서, 부디 | ゆっくり 천천히, 푹 | ～では ～그러면 | 案内あんないする 안내하다 | エレベーター 엘리베이터 | 乗のる 타다 | あかり 등불 | スイッチ 스위치 | 夕食ゆうしょく 저녁 식사 | 食たべる 먹다 | 一階いっかい 일 층 | できる 할 수 있다, 가능하다 | ルームサービス 룸서비스

문형 해설

1 予約(よやく)しました 예약했습니다

◆ 문형분석: 予約する(예약하다, 동사)+ます(~ㅂ니다, 정중, 조동사)+た(~했다, 과거, 조동사)

◆ 일본어의 동사: ウ단(う, く, す, つ, ぬ, ぶ, む, る) 중의 하나로 끝난다.

종류	동사의 ます 형	예 시
1그룹동사	동사 어미 ウ단 → イ단+ます	言(い)う(말하다) → 言(い)います (말합니다) 書(か)く(쓰다) → 書(か)きます (씁니다) 待(ま)つ(기다리다) → 待(ま)ちます (기다립니다) 飛(と)ぶ(날다) → 飛(と)びます (납니다) 読(よ)む(읽다) → 読(よ)みます (읽습니다)
2그룹동사	동사 어미 る탈락+ます	見(み)る(보다) → 見(み)ます (봅니다) いる(있다) → います (있습니다)
	동사 어미 る탈락+ます	食(た)べる(먹다) → 食(た)べます (먹습니다) 始(はじ)める(시작하다) → 始(はじ)めます (시작합니다)
3그룹동사	来(く)る → 来(き)+ます	来(く)る(오다) → 来(き)ます (옵니다)
	する → し+ます	する(하다) → します (합니다)

◆ 동사의 정중형과 과거정중형

기본형	정중형(합니다)	과거정중형(했습니다)
予約(よやく)する(예약하다)	予約(よやく)します	予約(よやく)しました
ある(있다)	あります	ありました

2 お待(ま)ち ください 기다려 주십시오

◆ 문형분석: お+동사의 ます형+ください(주십시오, 동사)

◆ 待(ま)って ください 보다 공손한 표현이다.

お+待(ま)つ+ください → お待(ま)ち ください (기다려 주십시오)

お+書(か)く+ください → お書(か)き ください (써 주십시오)

3 書(か)いて ください 써 주십시오

◆ 문형분석: 동사의 て형+て(~하고/~해서, 조사)+ください(주십시오)

書(か)く → 書(か)いて ください → お書(か)き ください (써 주십시오)
待(ま)つ → 待(ま)って ください → お待(ま)ち ください (기다려 주십시오)

4 て의 용법

◆ ~て: '~하고/~해서'라는 의미로, 동사나 형용사의 て형에 붙는 접속조사이다.

美味(おい)しい → 美味(おい)しくて (맛있고, 맛있어서)
案内(あんない)する → 案内(あんない)して (안내하고, 안내해서)
高(たか)い → 高(たか)くて (비싸고, 비싸서)
食(た)べる → 食(た)べて (먹고, 먹어서)

5 ご案内(あんない) します 안내하겠습니다

◆ 문형분석: ご+한자명사+する(하다, 동사), 또는 お+동사의 ます형+する(하다, 동사)

◆ 겸양표현으로 자신의 행동을 낮추어서 나타낼 때 사용한다.

案内(あんない)する → ご案内(あんない) する → ご案内(あんない) します (안내하겠습니다)
待(ま)つ → お待(ま)ち する → お待(ま)ち します (기다리겠습니다)

6 エレベーターに 乗(の)ります 엘리베이터를 탑니다

◆ 乗(の)る: '타다'라는 뜻의 동사이다. '~을/를 타다'라는 표현은 ~に 乗(の)る라고 한다.

◆ 이런 것들에는 友達(ともだち)に 会(あ)う(친구를 만나다), 父(ちち)に 似(に)ている(아버지를 닮았다), 先生(せんせい)になる(선생님이 되다) 등이 있다.

7 食事(しょくじ)が できます 식사를 할 수 있습니다

◆ できる는 '할 수 있다, 가능하다'라는 의미의 2그룹동사로 조사는 ~が를 쓴다.

ルームサービスが できます。(룸서비스를 할 수 있습니다.)
日本語(にほんご)が できます。(일본어를 할 수 있습니다.)

단어

~に 会あう ~을/를 만나다 | ~に 似にている ~을/를 닮았다 | ~に なる ~이/가 되다 |
~が できる ~을/를 할 수 있다

문형 연습

▶ 주어진 단어 또는 표현을 빈칸에 넣어 아래의 각 문형을 연습해 보세요.

1. 보기

___①___ を ___②___ ます/ました。

(1) ① 勉強(べんきょう)　② する

(2) ① レポート　② 書(か)く

(3) ① 映画(えいが)　② 見(み)る

(4) ① 朝(あさ)ごはん　② 食(た)べる

2. 보기

___①___ 、___②___ を ___③___ ました。

(1) ① 昨日(きのう)　② ホテル　③ 予約(よやく)する

(2) ① 先週(せんしゅう)　② 映画(えいが)　③ 見(み)る

(3) ① 夜(よる)　② レポート　③ 書(か)く

(4) ① 朝(あさ)　② パン　③ 食(た)べる

단어

レポート 리포트 | 朝あさごはん 아침밥 | 先週せんしゅう 지난주 | 夜よる 밤 | 朝あさ 아침 | パン 빵

3. 보기

お ____ください。

____て ください。

(1) 書(か)く

(2) 待(ま)つ

(3) 起(お)きる

(4) 始(はじ)める

4. 보기

____が できます。

(1) 日本語(にほんご)

(2) 韓国語(かんこくご)

(3) 英語(えいご)

(4) テニス

단어

待まつ 기다리다 | 起おきる 일어나다 | 始はじめる 시작하다 | 日本語にほんご 일본어 |
韓国語かんこくご 한국어 | 英語えいご 영어 | テニス 테니스

회화 연습

▶ 각각의 주어진 단어 또는 표현을 사용하여 〈보기〉의 문장을 완성하세요.

1. • 보기

A いらっしゃいませ。＿①＿ですか。

B はい、＿①＿です。

(1) (ご)宿泊(しゅくはく)

(2) (ご)旅行(りょこう)

(3) (ご)予約(よやく)

(4) (お)買(か)い物(もの)

2. • 보기

A1 ご＿①＿ください。

A2 お＿②＿ください。

(1) ① 記入(きにゅう)　② 書(か)く

(2) ① 利用(りよう)　② 待(ま)つ

(3) ① 宿泊(しゅくはく)　② 読(よ)む

(4) ① 返事(へんじ)　② 乗(の)る

단어

旅行りょこう 여행 | 買かい物もの 장보기, 쇼핑 | 記入きにゅう 기입 | 利用りよう 이용 | 読よむ 읽다 | 返事へんじ 대답, 답장

3. • 보기

A お名前(なまえ)は 何(なん)ですか。

B (자기 이름) です。

A (상대방 이름) 様(さま)ですね。少々(しょうしょう) お待(ま)ち ください。

(상대방 이름) 様(さま)、 ① から ② ですね。

こちらに お名前(なまえ)と ご住所(じゅうしょ)を お書(か)き ください。

(1) ① 今日(きょう) ② 2泊(にはく)

(2) ① 九月十日(くがつとおか) ② 1泊(いっぱく)

(3) ① 四月十五日(しがつじゅうごにち) ② 3泊(さんぱく)

(4) ① 明日(あした) ② 1泊(いっぱく)

▶ 아래의 빈칸에 적당한 단어나 표현을 넣어 문장을 완성하세요.

4. • 보기

A いらっしゃいませ。ご宿泊(しゅくはく)ですか。 B はい。お願(ねが)いします。

A ご予約(よやく)は しましたか。 B はい。先週(せんしゅう) しました。

A お名前(なまえ)を どうぞ。 B _____です。

단어

少々 しょうしょう 잠시, 조금 | 明日 あした 내일

한자	연습			
しゅくはく 宿泊 숙박	宿泊			
きょう 今日 오늘	今日			
じゅうしょ 住所 주소	住所			
あんない 案内 안내	案内			
ゆうしょく 夕食 저녁 식사	夕食			
べんきょう 勉強 공부	勉強			
あさ 朝 아침	朝			
せんしゅう 先週 지난주	先週			
よる 夜 저녁	夜			
りよう 利用 이용	利用			
あした 明日 내일	明日			

제8과

호텔 안내

きれいな 部屋(へや)が いいです。

깨끗한 방이 좋습니다.

• 주제문

- 明(あか)るくて、きれいです。 밝고 깨끗합니다.
- 遠(とお)いのが 不便(ふべん)です。 먼 것이 불편합니다.
- きれいな 部屋(へや)が いいです。 깨끗한 방이 좋습니다.
- きれいなら いいですが。 깨끗하면 좋겠습니다만.
- どんな 食堂(しょくどう)が ありますか。 어떤 식당이 있습니까?

본문 회화

1

ベルマン　ここが ロビーです。

佐藤(さとう)　明(あか)るくて、とても きれいですね。

コーヒーショップも ありますか。

ベルマン　はい、コーヒーショップは 2階(にかい)に あります。

2

ベルマン　あそこは 会議場(かいぎじょう)です。

佐藤(さとう)　トイレは どこですか。

ベルマン　トイレは 向(む)こうです。

佐藤(さとう)　トイレが 遠(とお)い のが 少(すこ)し 不便(ふべん)ですね。

Track 08-01~04

3
ベルマン　どんな 部屋(へや)が 好(す)きですか。

佐藤(さとう)　私(わたし)は きれいな 部屋(へや)が いいです。

静(しず)かで きれいなら いいですが。

ベルマン　そうですか。

1207号室(ごうしつ)は とても きれいで 静(しず)かな 部屋(へや)ですよ。

4
奥(おく)さん　ここには どんな 食堂(しょくどう)が ありますか。

ベルマン　レストランは もちろん、和食堂(わしょくどう)も あります。

奥(おく)さん　何(なに)が 一番(いちばん) おいしいですか。

ベルマン　すしも いいですが、カルビが 人気(にんき) メニューです。

단어

明あかるい 밝다 | とても 매우, 아주 | 2階にかい 2층 | 会議場かいぎじょう 회의장 | 不便ふべんだ 불편하다 | もちろん 물론 | 和食堂わしょくどう 일식당 | 人気にんき 인기 | メニュー 메뉴

문형 해설

1 明るくて 밝고, 밝아서

✚ 문형분석: 明るい(밝다, 형용사)+て(~하고/~해서, 접속조사)

◆ イ형용사에 접속조사 ~て가 접속할 때는 イ형용사의 어미가 「く」로 활용한다.

安い → 安くて (싸고, 싸서)

ほしい → ほしくて (갖고 싶고, 갖고 싶어서)

広い → 広くて (넓고, 넓어서)

高い → 高くて (비싸고, 비싸서)

2 遠い のが 먼 것이

✚ 문형분석: 遠い(멀다, 형용사)+の(~것, 준체조사)+が(~이/가, 주격조사)

◆ 준체조사란 체언(명사)에 준하는 역할을 하는 조사라는 의미이다.

◆ ~の의 역할

① 격조사: '~의', 체언을 연결함.

私の 学校 (나의 학교)

② 준체조사: '~것', 그 자체로 명사의 역할을 함.

私のです。(내 것입니다.)

3 きれいな 部屋 깨끗한 방

◆ きれいな(깨끗한)는 ナ형용사 きれいだ(깨끗하다)의 명사수식형이다. 즉 ~な는 명사 등에 접속하는 활용어미이다.

きれいだ → きれいな 部屋 (깨끗한 방)

静かだ → 静かな 公園 (조용한 공원)

不便だ → 不便な いす (불편한 의자)

簡単だ → 簡単な 食事 (간단한 식사)

4 静(しず)かで きれいなら 조용하고 깨끗하면

◆ 静(しず)かで(조용하고, 조용해서)는 ナ형용사 静(しず)かだ(조용하다)의 て형이다.

静(しず)かだ → 静(しず)かで (조용하고, 조용해서)

きれいだ → きれいで (깨끗하고, 깨끗해서)

不便(ふべん)だ → 不便(ふべん)で (불편하고, 불편해서)

◆ きれいなら(깨끗하면)는 ナ형용사 きれいだ(깨끗하다)의 가정형이다.

きれいだ → きれいなら (깨끗하면)

静(しず)かだ → 静(しず)かなら (조용하면)

不便(ふべん)だ → 不便(ふべん)なら (불편하면)

5 ナ형용사의 부정

きれいだ → きれいでは ない → きれいでは ありません (깨끗하지 않습니다)

不便(ふべん)だ → 不便(ふべん)では ない → 不便(ふべん)では ありません (불편하지 않습니다)

静(しず)かだ → 静(しず)かでは ない → 静(しず)かでは ありません (조용하지 않습니다)

6 ナ형용사 정리

ナ형용사	~하고/~해서	~지 않다	~(으)ㄴ	~ㅂ니다
きれいだ (깨끗하다)	きれいで	きれいでは ない	きれいな	きれいです
静(しず)かだ (조용하다)	静(しず)かで	静(しず)かでは ない	静(しず)かな	静(しず)かです
不便(ふべん)だ (불편하다)	不便(ふべん)で	不便(ふべん)では ない	不便(ふべん)な	不便(ふべん)です

단어

いす 의자 | 簡単かんたんだ 간단하다, 쉽다 | 食事しょくじ 식사

문형 연습

▶ 주어진 단어 또는 표현을 빈칸에 넣어 아래의 각 문형을 연습해 보세요.

1. 보기

__①__て __②__です。

(1) ① 安(やす)い　② いい

(2) ① 広(ひろ)い　② 便利(べんり)だ

(3) ① あまい　② 好(す)きだ

(4) ① 赤(あか)い　② 美味(おい)しい

2. 보기

__①__で __②__です。

(1) ① 便利(べんり)だ　② 速(はや)い

(2) ① きれいだ　② 安(やす)い

(3) ① 静(しず)かだ　② 広(ひろ)い

(4) ① 元気(げんき)だ　② 丈夫(じょうぶ)だ

단어

便利べんりだ 편리하다 | 甘あまい 달다 | 元気げんきだ 건강하다 | 丈夫じょうぶだ 튼튼하다

3. 보기

___①___ な ___②___。

___①___ では ない ___②___。

(1) ① 静(しず)かだ　② 部屋(へや)

(2) ① 便利(べんり)だ　② 電車(でんしゃ)

(3) ① 不便(ふべん)だ　② バス

(4) ① 元気(げんき)だ　② 体(からだ)

4. 보기

___①___ なら いいです。

(1) 親切(しんせつ)だ

(2) 便利(べんり)だ

(3) 上手(じょうず)だ

(4) まじめだ

단어

電車でんしゃ 전철 | 体からだ 몸, 신체 | 上手じょうずだ ~을/를 잘하다 | まじめだ 성실하다

회화 연습

▶ 각각의 주어진 단어 또는 표현을 사용하여 〈보기〉의 문장을 완성하세요.

1. • 보기

A この ＿①＿は どうですか。

B1 ＿②＿く ありませんが、＿③＿のが ＿④＿ですね。

B2 ＿②＿では ありませんが、＿③＿のが ＿④＿ですね。

B1 (1) ① 服(ふく) ② 高(たか)い ③ はでだ ④ いやだ

(2) ① バス ② 速(はや)い ③ 安(やす)い ④ いい

B2 (3) ① 服(ふく) ② きらいだ ③ はでだ ④ いやだ

(4) ① バス ② 便利(べんり)だ ③ 安(やす)い ④ いい

2. • 보기

A この ＿①＿は どうですか。

B1 ＿②＿て、＿③＿ですね。

B2 ＿②＿で、＿③＿ですね。

B1 (1) ① 部屋(へや) ② 新(あたら)しい ③ 明(あか)るい

(2) ① 家(いえ) ② 安(やす)い ③ きれいだ

B2 (3) ① いす ② いやだ ③ 不便(ふべん)だ

(4) ① 人(ひと) ② ハンサムだ ③ やさしい

단어

高たかい 비싸다 | はでだ 화려하다 | いやだ 싫다 | きらいだ 싫어하다 | 新あたらしい 새롭다 | 家いえ 집 | ハンサムだ 잘생기다, 핸섬하다

3. 보기

A ＿①＿は どうですか。

B ＿①＿も いいですが、＿②＿が 一番(いちばん) ＿③＿です。

(1) ① さしみ ② てんぷら ③ 人気(にんき)

(2) ① ホテル ② 旅館(りょかん) ③ 好(す)きだ

(3) ① バス ② 電車(でんしゃ) ③ 便利(べんり)だ

(4) ① あれ ② これ ③ 安(やす)い

4. 보기

A どんな ＿①＿が 好(す)きですか。

B ＿②＿て/で ＿③＿なら 何(なん)/だれでも いいです。

(1) ① 食(た)べ物(もの) ② からくない ③ おいしい

(2) ① 部屋(へや) ② 静(しず)かだ ③ きつえんしつ

(3) ① ホテル ② 近(ちか)い ③ 安(やす)い

(4) ① 人(ひと) ② ハンサムだ ③ やさしい

단어

天てんぷら 튀김 | 辛からい 맵다 | 喫煙室きつえんしつ 흡연실

にかい 二階 2층	二階			
かいぎじょう 会議場 회의장	会議場			
む 向こう 맞은편	向こう			
ふべん 不便だ 불편하다	不便だ			
わしょくどう 和食堂 일식당	和食堂			
にんき 人気 인기	人気			
げんき 元気だ 건강하다	元気だ			
じょうぶ 丈夫だ 튼튼하다	丈夫だ			
でんしゃ 電車 전철	電車			
からだ 体 몸, 신체	体			
あたら 新しい 새롭다	新しい			

제9과

식당에서 석식

何(なに)に しますか。

무엇으로 하겠습니까?

주제문

- 何(なに)に しますか。 무엇으로 하겠습니까?
- お座(すわ)り ください。 앉아 주십시오.
- 何(なに)に なさいますか。 무엇으로 하시겠습니까?
- 私(わたし)は すきやきに する。 나는 스키야키로 할게.
- お酒(さけ)が 飲(の)みたい。 술을 마시고 싶어.

본문 회화

1

ウェイター　いらっしゃいませ。お二人(ふたり)さまですか。

佐藤(さとう)　はい、そうです。

ウェイター　では、席(せき)に 案内(あんない)します。

こちらに 座(すわ)って ください。

2

ウェイター　メニューです。何(なに)に しますか。

今日(きょう)の おすすめの メニューは さしみ定食(ていしょく)です。

佐藤(さとう)　何(なに)に しようか。

奥(おく)さん　じゃ、私(わたし)は さしみ定食(ていしょく)。

Track 09-01~04

3

ウェイトレス	いらっしゃいませ。何人様(なんにんさま)で ございますか。
佐藤(さとう)	二人(ふたり)です。
ウェイトレス	では、席(せき)に ご案内(あんない) いたします。 こちらに お座(すわ)り ください。

4

ウェイトレス	何(なに)に なさいますか。
奥(おく)さん	私(わたし)は すしが 食(た)べたいな。
佐藤(さとう)	すしか。私(わたし)は すきやきに する。 それから、お酒(さけ)が 少(すこ)し 飲(の)みたい。
ウェイトレス	はい、かしこまりました。少々(しょうしょう) お待(ま)ち ください。

단어

お二人様ふたりさま 두 분 | 席せき 자리 | 座すわる 앉다 | お勧すすめ 추천, 권유(お+勧(すす)める의 ます형) | 定食ていしょく 정식(식사에서의) | ~しようか ~할까? | ~で ございます ~입니다(です의 정중표현) | なさる 하시다(する의 존경어) | ~たい ~하고 싶다 | ~な ~(으)ㄴ데, ~구나(종조사) | すきやき 스키야키, 쇠고기전골 | ~に する ~(으)로 하다 | それから 그리고, 그러고 나서 | お酒さけ 술 | 飲のむ 마시다

문형 해설

1 案内(あんない)します/ご案内(あんない) いたします 안내하겠습니다

案内(あんない)する → 案内(あんない)します → ご案内(あんない) いたします (안내하겠습니다/겸양 표현)

案内(あんない)する → 案内(あんない)なさる → ご案内(あんない) なさいます (안내하십니다/존경 표현)

◆ 일본어의 경어 표현

일본어의 경어 표현은 존경 표현, 겸양 표현, 정중 표현으로 나뉜다.

	경어 표현형식	예 시
존경 표현	お＋동사의 ます형+なさる/～に なる ご＋동작성 명사+なさる/～に なる	お持(も)ち なさる/お持(も)ちに なる ご案内(あんない) なさる/ご案内(あんない)に なる
겸양 표현	お＋동사의 ます형+する/いたす ご＋동작성 명사+する/いたす	お持(も)ち する/お持(も)ち いたす ご案内(あんない) する/ご案内(あんない) いたす
정중 표현	～です ～で ございます ～ます	領収書(りょうしゅうしょ)です 領収書(りょうしゅうしょ)で ございます 食(た)べます

＊ 경어동사가 별도로 있는 경우는 경어 표현법을 사용하지 않는다.

食(た)べる → 召(め)し上(あ)がる(존경어) / いただく(겸양어)

2 何(なに)に しようか 무엇으로 할까?

✚ 문형분석: 何(무엇) + に(~에, ~(으)로) + する(하다) + よう(권유, 조동사) + か(~(으)ㄹ까?, 의문)

◆ **~(よ)う**: 권유, 의지, 추측의 조동사로, 동사의 의지형이나 형용사의 추량형에 붙는다.

飲(の)む → 飲(の)もう (마시자)　　見(み)る → 見(み)よう (보자)　　する → しよう (하자)

美味(おい)しい → 美味(おい)しかろう (맛있을 것이다)　　静(しず)かだ → 静(しず)かだろう (조용할 것이다)

いいです → いいでしょう (좋을 겁니다)　　飲(の)みます → 飲(の)みましょう (마십시다)

3 お座(すわ)り ください 앉아 주십시오

◆ 座(すわ)って ください의 좀 더 공손한 말로 부정은 座(すわ)らないで ください이다.

待(ま)つ → 待(ま)って ください (기다리세요)

→ お待(ま)ち ください (기다려 주세요)

→ 待(ま)たないで ください (기다리지 말아 주세요)

4 동사 음편

◆ 일본어 1그룹동사(5단동사)에 ~て(~하고/~해서), ~た(~했다), ~たり(~하거나), ~たら(~하면)가 붙을 때는 다음과 같이 어미가 변한다. 대표적으로 예를 들면 다음과 같다.

① い음편 : 어미 「く」 또는 「ぐ」를 「い」로 바꾼 후 접속. 「ぐ」의 경우는 「で, だ, だり, だら」의 형태로 접속

書(か)く → 書(か)いて (쓰고, 써서)
→ 書(か)いた (썼다)
→ 書(か)いたり (쓰거나)

泳(およ)ぐ → 泳(およ)いで (헤엄치고, 헤엄쳐서)
→ 泳(およ)いだ (헤엄쳤다)
→ 泳(およ)いだり (헤엄치거나)

② っ음편: 어미 「う, つ, る」를 「っ」로 바꾼 후 접속

言(い)う → 言(い)って (말하고, 말해서)　待(ま)つ → 待(ま)って (기다리고, 기다려서)

ある → あって (있고, 있어서)

③ ん음편 : 어미 「ぬ, ぶ, む」를 「ん」으로 바꾼 후 「で, だ, だり, だら」의 형태로 접속

死(し)ぬ → 死(し)んで (죽고, 죽어서)　読(よ)む → 読(よ)んで (읽고, 읽어서)　遊(あそ)ぶ → 遊(あそ)んで (놀고, 놀아서)

④ す로 끝나는 동사는 음편이 없으며, 行(い)く는 예외적인 음편현상이 일어난다.

話(はな)す → 話(はな)して (말하고, 말해서)　行(い)く → 行(い)って (가고, 가서)

5 すしが 食(た)べたいな 스시를 먹고 싶은데

✚ 문형분석: すし(스시) + が(~이/가, 조사) + 食べる(먹다, 2그룹동사) + たい(~하고 싶다, 조동사) + な(영탄, 종조사)

◆ **~たい** : '~하고 싶다(자신의 희망)'는 의미로 희망을 나타내는 조동사이며, 동사의 ます형에 접속한다. 어미활용은 형용사와 같은 꼴로 활용한다.

書(か)く → 書(か)きたい → 書(か)きたいです (쓰고 싶습니다)
見(み)る → 見(み)たい → 見(み)たいです (보고 싶습니다)

단어

領収書りょうしゅうしょ 영수증 | 召めし上あがる 드시다(食(た)べる의 존경어) | 泳およぐ 헤엄치다 |
死しぬ 죽다 | 遊あそぶ 놀다 | いただく 먹다(食(た)べる의 겸양어)

문형 연습

▶ 주어진 단어 또는 표현을 빈칸에 넣어 아래의 각 문형을 연습해 보세요.

1. • 보기

___①___て ください。

___②___で ください。

(1) ① 言(い)う　　② 言(い)わない

(2) ① 待(ま)つ　　② 待(ま)たない

(3) ① 起(お)きる　　② 起(お)きない

(4) ① 寝(ね)る　　② 寝(ね)ない

2. • 보기

_____に する/しよう。

_____に します/しましょう。

(1) ご飯(はん)

(2) ラーメン

(3) スパゲッティ

(4) チャンポン

단어

寝ねる 자다 | ご飯はん 밥 | スパゲッティ 스파게티 | チャンポン 짬뽕

3. 보기

_____たい。

_____たく ない。

_____たいです。

_____たく ないです/たく ありません。

(1) 行(い)く

(2) 見(み)る

(3) 食(た)べる

(4) アルバイトする

4. 보기

(お/ご) ～します / ～なさいます / ～いたします

(1) 案内(あんない)する

(2) 待(ま)つ

(3) 座(すわ)る

(4) 説明(せつめい)する

단어

アルバイトする 아르바이트하다 | 説明せつめいする 설명하다

회화 연습

▶ 각각의 주어진 단어 또는 표현을 사용하여 〈보기〉의 문장을 완성하세요.

1. 보기

A 何(なに)が ＿①＿ですか。

B ＿②＿が ＿①＿です。

(1) ① おすすめ　　② すきやき

(2) ① 美味(おい)しい　　② カルビ

(3) ① 甘(あま)い　　② デザート

(4) ① 辛(から)い　　② トッポギ

2. 보기

A 何(なに)に なさいますか。

B ＿＿＿、できますか。

A はい、できます/いいえ、＿＿＿は できません。

(1) しゃぶしゃぶ

(2) 焼(や)き肉(にく)

(3) 天(てん)ぷらそば

(4) カルビ

단어

デザート 디저트 | トッポギ 떡볶이 | しゃぶしゃぶ 샤부샤부 | 焼やき肉にく 불고기, 야키니쿠 | 天てんぷらそば 튀김메밀국수

3. 보기

A いらっしゃいませ。何人(なんにん)さまで ございますか。

B ＿＿＿です。

A 席(せき)に 案内(あんない) いたします。こちらへ どうぞ。

ここに お座(すわ)り ください。

(1) 一人(ひとり)

(2) 二人(ふたり)

(3) 三人(さんにん)

(4) 十四人(じゅうよにん)

4. 보기

A 何(なに)に なさいますか。

B 何(なに)に しようかな。何(なに)が おすすめですか。

A 今日(きょう)の おすすめは ＿①＿です。

(1) 焼(や)き肉(にく)

(2) おさしみ

(3) ステーキ

(4) ビビンパ

단어

ステーキ 스테이크 | ビビンパ 비빔밥

せき 席 자리, 좌석	席			
すわ 座る 앉다	座る			
ていしょく 定食 정식	定食			
の 飲む 마시다	飲む			
お い 美味しい 맛있다	美味しい			
お 起きる 일어나다	起きる			
ね 寝る 자다	寝る			
はん ご飯 밥	ご飯			
すす お勧め 추천, 권유	お勧め			
から 辛い 맵다	辛い			
や にく 焼き肉 불고기, 야키니쿠	焼き肉			

제 10 과

식당에서 조식

軽(かる)く 食(た)べたいです。

가볍게 먹고 싶습니다.

주제문

- つかれて かぜを 引(ひ)きました。 피곤해서 감기에 걸렸습니다.
- 軽(かる)く 食(た)べたいです。 가볍게 먹고 싶습니다.
- いいと 思(おも)います。 좋다고 생각합니다.
- 軽(かる)く 食(た)べられます。 가볍게 먹을 수 있습니다.
- 軽(かる)い ものが ほしいです。 가벼운 것을 원합니다.

본문 회화

1

ベルマン　おはようございます。

佐藤　おはようございます。

昨日 少し つかれて、かぜを 引きました。

それで、何か かるく 食べたいですが。

どこが いいでしょうか。

ベルマン　向こうの カフェテリアが いいと 思います。

そこなら、サンドイッチなど 軽く 食べられます。

佐藤　そうですか。わかりました。ありがとうございます。

Track 10-01~03

2 ウェイター　何(なに)に なさいますか。

佐藤(さとう)　軽(かる)く 食(た)べたいんですが。

ウェイター　じゃ、アメリカン・スタイルは どうでしょうか。

トーストに 卵(たまご)と ハム、それから ジュースなどです。

---

3 奥(おく)さん　何(なに)か 軽(かる)い ものが ほしいです。

おかゆか サンドイッチは ありますか。

ウェイター　はい、ございます。

卵(たまご)サンドイッチに ポテトや 野菜(やさい)サンドイッチなど

いろいろ ございます。

단어

疲つかれる 피곤하다, 지치다 | かぜを 引ひく 감기에 걸리다 | それで 그래서 | 軽かるい 가볍다 | カフェテリア 카페테리아 | 思おもう 생각하다 | サンドイッチ 샌드위치 | 食たべられる 먹을 수 있다 | アメリカン・スタイル 미국식 | トースト 토스트 | 卵たまご 달걀 | ハム 햄 | ~など ~등 | ~が ほしい ~을/를 원하다, ~을/를 갖고 싶다 | おかゆ 죽 | ポテト 감자, 포테이토 | 野菜やさい 채소 | いろいろ 여러 가지

문형 해설

1 軽(かる)く 가볍게

◆ **軽(かる)く**: '가볍게'라는 뜻으로 형용사 軽(かる)い(가볍다)의 부사형이다.

美味(おい)しく → 美味(おい)しく (맛있게)　　美味(おい)しく 食(た)べます。(맛있게 먹습니다.)

やさしい → やさしく (상냥하게)　　やさしく 案内(あんない)します。(상냥하게 안내합니다.)

親(した)しい → 親(した)しく (친하게)　　親(した)しく なりました。(친해졌습니다.)

2 カフェテリアが いいと 思(おも)います 카페테리아가 좋다고 생각합니다

◆ **～と 思(おも)う**: '～고 생각하다'. 기본형에 붙는다.

食(た)べると 思(おも)う → 食(た)べると 思(おも)います (먹는다고 생각합니다)

高(たか)いと 思(おも)う → 高(たか)いと 思(おも)います (비싸다고 생각합니다)

静(しず)かだと 思(おも)う → 静(しず)かだと 思(おも)います (조용하다고 생각합니다)

◆ **～と의 용법**

① '～와/과'. 나열의 격조사이다.

本(ほん)と 雑誌(ざっし) (책과 잡지)　　韓国人(かんこくじん)と 日本人(にほんじん) (한국인과 일본인)

② '～고'. 인용의 격조사로 용언의 기본형에 접속한다.

行(い)くと 思(おも)う。(간다고 생각하다.)　　美味(おい)しいと 言(い)う。(맛있다고 말하다.)

3 軽(かる)い ものが ほしいです 가벼운 것을 원합니다

◆ **ほしい**: 형용사. '원하다, 갖고 싶다'의 의미로 조사는 ～が를 사용한다.

時計(とけい)が ほしい。(시계를 갖고 싶다.)

お金(かね)が ほしい。(돈을 갖고 싶다.)

◆「동사의 て형+て ほしい」는 '～하기 바라다'라는 의미이다.

見(み)て ほしい。(보기 바란다.)

行(い)って ほしい。(가기 바란다.)

4 軽く 食べられます 가볍게 먹을 수 있습니다

✚ 문형분석: 軽い(가볍다, 형용사)+食べる(먹다, 2그룹동사)+られる(가능형)+ます(조동사)

◆ 일본어의 가능표현

① **～られる** : 가능의 조동사. 주로 2그룹동사의 ない형에 접속.

見る → 見られる → 見られます (볼 수 있습니다)

来る → 来られる → 来られます (올 수 있습니다)

② 연어적 표현 : 모든 동사에 ～ことが できる를 사용한다.

書く → 書く ことが できる → 書く ことが できます (쓸 수 있습니다)

見る → 見る ことが できる → 見る ことが できます (볼 수 있습니다)

来る → 来る ことが できる → 来る ことが できます (올 수 있습니다)

5 トーストに 卵と ハム 토스트에 달걀과 햄

◆ ～に의 용법

① 장소

ソウルに 行く。(서울에 가다.)　　家に いる。(집에 있다.)

② 시간

3時に 行く。(3시에 가다.)　　夜に 食べる。(밤에 먹다.)

③ 대상

バスに 乗る。(버스를 타다.)　　友だちに 会う。(친구를 만나다.)

④ 첨가

トーストに 卵。(토스트에 달걀)　　先生に 学生。(선생님에 학생)

단어

親したしい 친하다 | ～と 思おもう ~고 생각하다 | お金かね 돈

문형 연습

▶ 주어진 단어 또는 표현을 빈칸에 넣어 아래의 각 문형을 연습해 보세요.

1. • 보기

＿①＿て ＿②＿ました。

(1) ① 疲(つか)れる　　② かぜを 引(ひ)く

(2) ① 食(た)べすぎる　　② おなかを こわす

(3) ① 痛(いた)い　　② 病院(びょういん)に 行(い)く

(4) ① 飲(の)みすぎる　　② 寝(ね)る

2. • 보기

＿①＿が ＿②＿と 思(おも)います。

(1) ① それ　　② いい

(2) ① 飛行機(ひこうき)　　② 便利(べんり)だ

(3) ① 彼(かれ)　　② 行(い)く

(4) ① 赤(あか)いの　　② いい

단어

食たべすぎる 과식하다 | おなかを こわす 배탈 나다 | 痛いたい 아프다 | 飲のみすぎる 과음하다 | 飛行機ひこうき 비행기

3. 보기

A1 ＿①＿ ＿②＿たいです。

A2 ＿①＿ ＿②＿が ほしいです。

A1 (1) ① 早(はや)い ② 乗(の)る

(2) ① 先生(せんせい)と ② 食(た)べる

A2 (3) ① 静(しず)かだ ② 部屋(へや)

(4) ① 高(たか)い ② 車(くるま)

4. 보기

A1 ＿①＿に ＿②＿に ＿③＿が あります/います。

A2 ＿①＿と ＿②＿と ＿③＿が あります/います。

A1 (1) ① パン ② ラーメン ③ ご飯(はん)

(2) ① 本(ほん) ② ノート ③ 鉛筆(えんぴつ)

A2 (3) ① 男(おとこ)の人(ひと) ② 女(おんな)の人(ひと) ③ 子供(こども)

(4) ① ねこ ② いぬ ③ うし

단어

早はやい 이르다 | 車くるま 차 | ねこ 고양이 | いぬ 개 | うし 소

회화 연습

▶ 각각의 주어진 단어 또는 표현을 사용하여 〈보기〉의 문장을 완성하세요.

1. 보기

A 何(なに)が ほしいですか。

B ＿①＿が ＿②＿たいですが。

A そうですか。＿①＿なら こちらに あります。

B ＿③＿のも ありますか。

(1) ① スカート ② 買(か)う ③ 短(みじか)い

(2) ① お茶(ちゃ) ② 飲(の)む ③ 冷(つめ)たい

(3) ① そば ② 食(た)べる ③ 冷(つめ)たい

(4) ① マンガ ② 読(よ)む ③ 韓国(かんこく)

2. 보기

A ＿①＿は どうですか。

B ＿①＿は ＿②＿と 思(おも)います。

(1) ① ホテル ② 高(たか)い

(2) ① バス ② 不便(ふべん)だ

(3) ① 彼(かれ) ② 行(い)く

(4) ① お花(はな) ② よく ない

단어

スカート 스커트 | 買かう 사다 | 短みじかい 짧다 | お茶ちゃ 차, 엽차 | 冷つめたい 차갑다 | そば 소바, 메밀국수 | マンガ 만화 | お花はな 꽃

3. • 보기

A この ① ② ことが できますか。

B はい。 ② ことが できると 思(おも)います。

(1) ① 旅行(りょこう) ② 行(い)く

(2) ① 飛行機(ひこうき) ② 乗(の)る

(3) ① 日本語(にほんご) ② 読(よ)む

(4) ① ケーキ ② 食(た)べる

4. • 보기

A 何(なに)に なさいますか。

B ① は ありますか。

A はい、 ② に ③ など 色々(いろいろ) ございます。

B じゃ、 ③ お願(ねが)いします。

A はい。かしこまりました。少々(しょうしょう) お待(ま)ち ください。

(1) ① 中華料理(ちゅうかりょうり) ② チャーハン ③ すぶた

(2) ① ラーメン ② 醤油(しょうゆ)ラーメン ③ 味噌(みそ)ラーメン

(3) ① デザート ② アイスクリーム ③ コーヒー

(4) ① 和食(わしょく) ② すし ③ かつ丼(どん)

단어

ケーキ 케이크 | 中華料理ちゅうかりょうり 중화요리 | チャーハン 볶음밥 | すぶた 탕수육 | 醤油しょうゆ 간장 | 味噌みそ 된장 | アイスクリーム 아이스크림 | 和食わしょく 일식 | かつ丼どん 가쓰돈, 돈가스덮밥

ひ 引く 당기다, 끌다	引く			
かる 軽い 가볍다	軽い			
たまご 卵 달걀	卵			
やさい 野菜 채소	野菜			
おも 思う 생각하다	思う			
いた 痛い 아프다	痛い			
みじか 短い 짧다	短い			
ちゃ お茶 차, 엽차	お茶			
つめ 冷たい 차갑다	冷たい			
りょこう 旅行 여행	旅行			
ちゅうかりょうり 中華料理 중화요리	中華料理			

제 11 과

인터넷/전언

ワイファイ
wifiの パスワードが
し
知りたいです。

와이파이 비밀번호를 알고 싶습니다.

• 주제문

ワイファイ
- wifiの パスワード。 와이파이 비밀번호.

ねが
- お願い したいです。 부탁하고 싶습니다.

ま　つた
- 待つと 伝えて ください。 기다리겠다고 전해 주십시오.

のこ
- メモ 残して おきます。 메모 남겨 두겠습니다.

본문 회화

1

佐藤(さとう)　もしもし、wifi(ワイファイ)の パスワードが 知(し)りたいですが。

フロント　wifi(ワイファイ)の パスワードは 部屋番号(へやばんごう)に なって います。

佐藤(さとう)　インターネットは 使(つか)えますか。

フロント　はい、ご自由(じゆう)に お使(つか)いに なれます。

2

佐藤(さとう)　もしもし、フロントですか。

予約係(よやくがか)り お願(ねが)いします。

フロント　はい。おつなぎ しますので、少々(しょうしょう) お待(ま)ち ください。

dialogue

Track 11-01~03

3

フロント　はい、ソウルホテルの フロントで ございます。
何(なに)か ご用(よう)ですか。

佐藤(さとう)　あの、佐藤太郎(さとうたろう)と 言(い)いますが、
408号室(ごうしつ)の 田中(たなか)さんに 伝言(でんごん) お願(ねが)い したいですが。

フロント　はい、お申(もう)し付(つ)け ください。

佐藤(さとう)　今日(きょう)5時(ごじ)、ホテルの ロビーで 待(ま)つと 伝(つた)えて ください。

フロント　かしこまりました。メモ 残(のこ)して おきます。

단어

もしもし 여보세요 | ワイファイ 와이파이 | パスワード 비밀번호, 패스워드 | 知しる 알다 | インターネット 인터넷 | 使つかえる 사용할 수 있다 | 自由じゆうに 자유롭게 | 予約係よやくがかり 예약 담당 | おつなぎ する 연결하다 | ご用よう 볼일 | 伝言でんごん 전언, 전하는 말 | 申もうし付つける 분부하다, 명령하다 | 伝つたえる 전하다 | メモ 메모 | 残のこす 남기다 | ～て おく ～해 두다

문형 해설

1 インターネットは 使えますか 인터넷을 사용할 수 있습니까?

◆ **使える**: 使う(사용하다)의 가능동사이다. 가능동사란 1그룹동사의 어미를 「え단」으로 바꾸고「る」를 붙여서 만들어진 2그룹동사를 말한다.

書く → 書ける (쓸 수 있다)

読む → 読める (읽을 수 있다)

行く → 行ける (갈 수 있다)

遊ぶ → 遊べる (놀 수 있다)

2 自由に お使いに なれます 자유롭게 사용하실 수 있습니다

◆ **自由に**: '자유롭게'라는 의미로, 自由だ(자유롭다)의 부사형이다.

◆ **お使いに なれる**: 사용하실 수 있다. 使う(사용하다)의 존경가능의 의미를 나타낸다.

使う (사용하다) → お使いに なる (사용하시다) → お使いに なれる (사용하실 수 있다)

3 おつなぎ しますので 연결해 드릴 테니까

◆ **おつなぎ する**: '연결해 드리다'라는 의미로, つなぐ(연결하다)의 겸양표현이다.

◆ **~ので**: '~때문에'라는 의미의 접속조사로 명사수식형에 접속한다.

食べるので 待って ください。(먹을 테니까 기다려 주십시오.)

美味しいので もっと 食べたい。(맛있으니까 더 먹고 싶다.)

静かなので 眠いです。(조용하니까 졸립니다.)

4 何か ご用ですか 무슨 볼일이십니까?

⊕ 문형분석: 何(무엇)+か(~인가, 부조사)+ご用(볼일, 用의 높임말)+ですか

◆ **~か** : '~(이)ㄴ가, ~(이)나'의 의미로 '불확실' 또는 '선택'을 나타내는 부조사이다. 문장 끝에 오는 의문을 나타내는 종조사 ~か와는 구별해야 한다.

5 佐藤太郎(さとうたろう)と 言(い)います 사토 다로라고 합니다

✚ 문형분석: 佐藤太郎(일본 사람 이름)+と(~(이)라고, 격조사)+言う(말하다, 동사)+ます(~ㅂ니다, 조동사)

◆ **~と いう**: '~(이)라고 (말)하다'

キム・ヨンチョルと いう。(김영철이라고 한다.)

ソウルホテルと いう。(서울호텔이라고 한다.)

6 ロビーで 待(ま)つと 伝(つた)えて ください 로비에서 기다리겠다고 전해 주십시오

✚ 문형분석: ロビー+で(~에서, 격조사)+待つ(기다리다, 1그룹동사)+と(~(이)라고, 격조사)+伝える(전하다, 2그룹동사)+て ください(~해 주십시오, 보조동사 ~て くださる의 명령형)

◆ **~で**: '~에서'라는 의미로, 행위의 장소를 나타내는 격조사이다.

空港(くうこう)で (공항에서)　　　カウンターで (카운터에서)

7 メモ 残(のこ)して おきます 메모 남겨 두겠습니다

✚ 문형분석: メモ(메모)+残す(남기다, 1그룹동사)+て おく(~해 두다, 보조동사)+ます(~ㅂ니다, 조동사)

◆ **~て おく** : '~해 두다', 보조동사

書(か)く → 書(か)いて おく (써 두다)

見(み)る → 見(み)て おく (보아 두다)

食(た)べる → 食(た)べて おく (먹어 두다)

◆ **보조동사** : 「~て+동사」의 형태로 동사 뒤에 접속하며, 앞에 오는 동사(선행동사)에 문법적인 의미를 부여한다.

~て いる (~하고 있다)　　　~て おく (~해 두다)

~て みる (~해 보다)　　　~て しまう (~해 버리다)

~て ある (~해져 있다)　　　~て やる (~해 주다)

문형 연습

▶ 주어진 단어 또는 표현을 빈칸에 넣어 아래의 각 문형을 연습해 보세요.

1. 보기

___①___ が/を ___②___ たい。(~하고 싶다)

___①___ が/を ___②___ たく ない。(~하고 싶지 않다)

___①___ が/を ___②___ たかった 。(~하고 싶었다)

___①___ が/を ___②___ たく なかった。(~하고 싶지 않았다)

(1) ① ご飯(はん) ② 食(た)べる

(2) ① 旅行(りょこう) ② する

(3) ① 映画(えいが) ② 見(み)る

(4) ① 空(そら) ② 飛(と)ぶ

2. 보기

___①___ ___②___ でしょう。(~하겠지요, 추측)

___①___ ___②___ ましょう。(~합시다, 권유/의지)

(1) ① 中国(ちゅうごく)に ② 行(い)く

(2) ① ゆっくり ② 休(やす)む

(3) ① 早(はや)い ② 起(お)きる

(4) ① おいしい ② 食(た)べる

단어

空そら 하늘 | 飛とぶ 날다 | 休やすむ 쉬다

3. 보기

　①　で　②　て いると 伝(つた)えて ください。

(1) ① ロビー　② 待(ま)つ

(2) ① レストラン　② 食事(しょくじ)する

(3) ① デパート　② ショッピングする

(4) ① ホテル　② 寝(ね)る

4. 보기

　①　　②　て おきます。

(1) ① ご伝言(でんごん)　② 伝(つた)える

(2) ① お土産(みやげ)　② 買(か)う

(3) ① 手紙(てがみ)　② 書(か)く

(4) ① ゴミ　② 捨(す)てる

단어

デパート 백화점 | ショッピングする 쇼핑하다 | 手紙てがみ 편지 | ゴミ 쓰레기 | 捨すてる 버리다

회화 연습

▶ 각각의 주어진 단어 또는 표현을 사용하여 〈보기〉의 문장을 완성하세요.

1. • 보기

A はい。 ＿①＿ホテルの ＿②＿です。
何(なに)か ご用(よう)ですか。

B はい、 ＿③＿ お願(ねが)いします。

(1) ① ソウル　② フロント　③ wifi(ワイファイ)の パスワード

(2) ① インチョン　② 予約係(よやくがか)り　③ 予約(よやく)の確認(かくにん)

(3) ① 東京(とうきょう)　② レストラン　③ 予約(よやく)

(4) ① 銀座(ぎんざ)　② ラウンジ　③ 呼(よ)び出(だ)し

2. • 보기

A もしもし、 ＿①＿が 知(し)りたいですが。

B ＿①＿は ＿②＿です。

(1) ① wifi(ワイファイ)の パスワード　② 部屋番号(へやばんごう)

(2) ① (お)名前(なまえ)　② 田中(たなか)

(3) ① 電話番号(でんわばんごう)　② 03(の)−5467(の)−2189

(4) ① 会社(かいしゃ)の名前(なまえ)　② 日本観光(にほんかんこう)

단어

確認かくにん 확인 | 東京とうきょう 도쿄 | 銀座ぎんざ 긴자(도쿄의 번화가) | ラウンジ 라운지 | 呼よび出だし 호출

3. 보기

A ＿①＿ ＿②＿ で ＿③＿と 伝(つた)えて ください。

B かしこまりました。そう 伝(つた)えます。

(1) ① 明日(あした) ② 会議場(かいぎじょう) ③ 発表(はっぴょう)する

(2) ① 来週(らいしゅう) ② 日本(にほん) ③ 予約(よやく)

(3) ① 今日(きょう) ② 飛行機(ひこうき) ③ 行(い)く

(4) ① 午後(ごご)6時(じ) ② 公園(こうえん) ③ 待(ま)つ

▶ 아래의 동사를 사용하여 보조동사 문장을 만들어 보세요.

4. 보기

1그룹동사 : 書(か)く, 言(い)う, 待(ま)つ, 帰(かえ)る, 読(よ)む, 飛(と)ぶ, 死(し)ぬ, 話(はな)す, 行(い)く

2그룹동사 : 見(み)る, 起(お)きる, 食(た)べる, 寝(ね)る

3그룹동사 : 来(く)る, する

(1) ～て おきます

(2) ～て しまいます

(3) ～て います

(4) ～て みます

단어

発表はっぴょうする 발표하다 | 来週らいしゅう 다음 주 | 午後ごご 오후 | 話はなす 이야기하다

じゆう 自由だ 자유롭다	自由だ			
よやくがかり 予約係り 예약 담당	予約係り			
でんごん 伝言 전언	伝言			
つた 伝える 전하다	伝える			
のこ 残す 남기다	残す			
しょくじ 食事 식사	食事			
てがみ 手紙 편지	手紙			
かくにん 確認 확인	確認			
とうきょう 東京 도쿄	東京			
ぎんざ 銀座 긴자	銀座			
よだ 呼び出し 호출	呼び出し			

제 12 과

호텔 체크아웃

また お泊(と)まり ください。

또 묵어 주십시오.

• 주제문

- とても 楽(たの)しかったです。 아주 즐거웠습니다.
- キーを お渡(わた)し ください。 키를 건네 주십시오.
- お待(ま)たせ いたしました。 (오래) 기다리셨습니다.
- クレジットカードを お預(あず)かり しました。 신용카드를 받았습니다.
- ぜひ お泊(と)まり ください。 꼭 묵어 주십시오.

본문 회화

1

キャッシャー　おはようございます。チェックアウトですか。

佐藤(さとう)　はい、お願(ねが)いします。

キャッシャー　韓国(かんこく)での 旅行(りょこう)は どうでしたか。

佐藤(さとう)　とても 楽(たの)しかったです。

2

キャッシャー　では、キーを お渡(わた)し ください。

1207号室(ごうしつ)、２泊(はく)で ございましたね。

佐藤(さとう)　はい、そうです。

キャッシャー　少々(しょうしょう) お待(ま)ち ください。

Track 12-01~04

3 キャッシャー　お待(ま)たせ いたしました。
部屋代(へやだい)は 8万(まん)ウォンで ございます。
お支払(しはら)いは 現金(げんきん)ですか、クレジットカードですか。

佐藤(さとう)　クレジットカードで お願(ねが)いします。

キャッシャー　クレジットカードを お預(あず)かり しました。

4 キャッシャー　ここに サイン お願(ねが)い いたします。
カードと 領収書(りょうしゅうしょ)です。

佐藤(さとう)　はい、どうも。

キャッシャー　また お越(こ)しの 際(さい)にも ぜひ お泊(と)まり ください。

단어

チェックアウト 체크아웃 | 楽たのしい 즐겁다 | キー 키, 열쇠 | 渡わたす 건네다 | 待またせる 기다리게 하다 | 支払しはらい 지불 | 現金げんきん 현금 | クレジットカード 신용카드 | 預あずかる 맡다 | サイン 사인 | どうも 정말(どうも ありがとう 또는 どうも すみません의 줄임말) | また 또, 다시 | お越こし 오심, 방문 (お＋越(こ)す의 명사형) | ～の 際さい ～할 때 | ぜひ 꼭, 부디 | 泊とまる 묵다, 숙박하다

문형 해설

1 韓国での 旅行 한국에서의 여행

✚ 문형분석: 韓国(한국)+で(~에서, 격조사)+の(~의, 격조사)+旅行(여행)

◆ **~で**: 격조사로 '~에서'(행위의 장소)라는 의미이다. 다음과 같은 용법이 있다.

① 동작의 장소

ホテルで 働く。(호텔에서 일하다.)

② 수단/재료

バスで 行く。(버스로 가다)　　木で 作る。(나무로 만들다.)

③ 상태/사정

全部で いくらですか。(전부에 얼마입니까?)

④ 이유/원인

病気で 休む。(병으로 쉬다.)

2 とても 楽しかったです 매우 즐거웠습니다

✚ 문형분석: とても(매우, 부사) + 楽しい(즐겁다, 형용사) + た(~했다, 조동사) + です(~ㅂ니다, 조동사)

◆ イ 형용사의 과거형은 어미「い」를「かっ」으로 바꾼 후에「た」를 붙인다.

楽しい → 楽しかった → 楽しかったです (즐거웠습니다)
美味しい → 美味しかった → 美味しかったです (맛있었습니다)
高い → 高かった → 高かったです (비쌌습니다)
良い → 良かった → 良かったです (좋았습니다)

3 2泊で ございましたね 2박이셨지요?

✚ 문형분석: 2泊(2박) + で ござる(~(이)다, ~だ의 공손체) + ます(~ㅂ니다, 조동사) + た(~했다, 조동사) + ね(~지요?, 종조사)

◆ **~で ござる**: ~だ의 정중한 표현이다. ~で ございます는 ~です의 정중한 표현이다.

日本人だ (일본인이다) → 日本人です (일본인입니다) → 日本人で ございます (일본인이옵니다)

ホテルだ (호텔이다) → ホテルです (호텔입니다) → ホテルで ございます (호텔이옵니다)

4 ～ね ～(이)지요?, ～(이)군요

◆ **종조사**: 문장의 끝에 오는 조사로, 그 문장에 특정한 분위기를 더해주는 역할을 한다.

종류	용법	문 장 예
～ね	가벼운 감동, 동의, 다짐	それは いいね。(그거 좋은데?) やっても いいね。(해도 괜찮지?) そうですね。(그렇군요.)
～よ	부름, 권유, 다짐, 주장	私も 行くよ。(나도 갈 거야.)
～か	의문, 반어	こんなのが いいですか。(이런 게 좋아요?)
～かしら	～일까? 의문/독백	行った ほうが いいかしら。(가는 편이 좋을까?)
～な	금지	行くな。(가지 마라.)　入るな。(들어가지 마시오.)
～なあ	감동, 원함	私も 行きたいなあ。(나도 가고 싶은데...)

5 お待たせ いたしました 오래 기다리셨습니다

✚ 문형분석: お(접두어) + 待たせる(기다리게 하다, 待つ의 사역형) + いたす(する의 낮춤말, 1그룹 동사) + ます(～ㅂ니다, 조동사) + た(～했다, 조동사)

◆ **과거형**: 동사나 형용사 등의 활용어에 ～た를 접속하여 과거를 나타낸다. 1그룹동사의 경우는 음편현상에 주의하여야 한다.

	종류	어미활용	보통체의 과거	정중체의 과거
동사	1그룹	ウ단 → イ단(음편)	書く → 書いた	書きます → 書きました
	2그룹	어미る 탈락	見る → 見た 食べる → 食べた	見ます → 見ました 食べます → 食べました
	3그룹	来る → 来	来る → 来た	来ます → 来ました
		する → し	案内する → 案内した	案内します → 案内しました
형용사	イ형용사	い → かっ	高い → 高かった	高いです → 高かったです
	ナ형용사	だ → だっ	静かだ → 静かだった	静かです → 静かでした

働はたらく 일하다 | 作つくる 만들다 | 病気びょうき 병 | やる 하다 | ～ほうが いい ～하는 편이 좋다 | 入はいる 들어가다, 들어오다

문형 연습

▶ 주어진 단어 또는 표현을 빈칸에 넣어 아래의 각 문형을 연습해 보세요.

1. 보기

ぜひ____て ください。

お(ご)____ ください。

(1) 確認(かくにん)する

(2) 答(こた)える

(3) 案内(あんない)する

(4) 申(もう)し付(つ)ける

2. 보기

__①__は __②__で ございます。

(1) ① 家賃(やちん) ② 5万円(まんえん)

(2) ① ここ ② 静(しず)かだ

(3) ① こちら ② 駐車場(ちゅうしゃじょう)

(4) ① これ ② 領収書(りょうしゅうしょ)

단어

答こたえる 대답하다 | 家賃やちん 집세 | 駐車場ちゅうしゃじょう 주차장

3. 보기

A1 ___①___でも ___②___でも けっこうです/いいです。

A2 ___①___ても ___②___ても けっこうです/いいです。

A1 (1) ① カード ② 現金(げんきん)

(2) ① 船(ふね) ② 飛行機(ひこうき)

A2 (3) ① 食(た)べる ② 飲(の)む

(4) ① 手(て)で 書(か)く ② パソコンで 打(う)つ

4. 보기

___①___での ___②___は ___③___たです。

(1) ① 日本(にほん) ② 会議(かいぎ) ③ おもしろい

(2) ① 市場(いちば) ② 買(か)い物(もの) ③ 安(やす)い

(3) ① レストラン ② 食事(しょくじ) ③ 美味(おい)しい

(4) ① 韓国(かんこく) ② 旅行(りょこう) ③ 楽(たの)しい

단어

けっこうだ 좋다, 괜찮다 | 船ふね 배 | 手て 손 | パソコン 컴퓨터 | 打うつ 두드리다, 치다 | 会議かいぎ 회의 | 市場いちば 시장

회화 연습

▶ 각각의 주어진 단어 또는 표현을 사용하여 〈보기〉의 문장을 완성하세요.

1. • 보기

A おはようございます。チェックアウトですか。

B はい、お願(ねが)いします。

A キーを お渡(わた)し ください。＿①＿号室(ごうしつ)、＿②＿さま、＿③＿で ございましたね。少々(しょうしょう) お待(ま)ち ください。

(1) ① 1308　② 佐藤(さとう)　③ 1泊(いっぱく)

(2) ① 507　② パク　③ 2泊(にはく)

(3) ① 401　② 田中(たなか)　③ お一人(ひとり)さま

(4) ① 2104　② キム　③ ご夫婦(ふうふ)

2. • 보기

A お待(ま)たせ いたしました。宿泊費(しゅくはくひ)は ＿①＿で ございます。

B ＿②＿でも いいですか。

A はい、カードでも 現金(げんきん)でも けっこうです。

B じゃ、＿②＿で お願(ねが)いします。

A はい、＿③＿ お預(あず)かり いたしました。

(1) ① 150,000ウォン　② カード　③ カード

(2) ① 12,000円(えん)　② 現金(げんきん)　③ 12,000円(えん)

(3) ① 200ドル　② カード　③ カード

(4) ① 7,000円(えん)　② 現金(げんきん)　③ 10,000円(えん)

3. 보기

A お待(ま)たせ いたしました。カードと 領収書(りょうしゅうしょ)で ございます。

ご確認(かくにん) お願(ねが)いします。

B はい、いいです。

A ありがとうございました。

また、＿＿＿くださいませ。

(1) お越(こ)し

(2) お泊(と)まり

(3) ご利用(りよう)

(4) ご宿泊(しゅくはく)

4. 보기

＿①＿ には ぜひ (お/ご) ＿②＿ ください。

(1) ① 韓国(かんこく)に お越(こ)しの 際(さい)　② よる

(2) ① 夏休(なつやす)み　② 訪問(ほうもん)する

(3) ① 買(か)い物(もの)の 時(とき)　② 呼(よ)ぶ

(4) ① レポートを 書(か)く 時(とき)　② 見(み)せる

단어

宿泊費しゅくはくひ 숙박비 | 寄よる 들르다 | 夏休なつやすみ 여름방학 | 訪問ほうもんする 방문하다 | 呼よぶ 부르다 | ～時とき ～때 | 見みせる (남에게) 보이다

しはら 支払い 지불	支払い			
げんきん 現金 현금	現金			
あず 預かる 맡다	預かる			
りょうしゅうしょ 領収書 영수증	領収書			
さい 際 ~(할) 때	際			
と 泊まる 묵다, 숙박하다	泊まる			
こた 答える 대답하다	答える			
やちん 家賃 집세	家賃			
ふね 船 배, 선박	船			
いちば 市場 시장	市場			
しゅくはくひ 宿泊費 숙박비	宿泊費			

부록

• 본문 해석

제1과 호텔입니다.

1

명함.

명함입니다.

이것은 명함입니다.

이것은 제 명함입니다.

그것은 제 명함이 아닙니다.

2

호텔.

호텔입니다.

여기는 호텔입니다.

큰 호텔입니다.

여기는 큰 호텔입니다.

3

프런트.

프런트입니다.

그쪽은 프런트입니다.

이 호텔 프런트입니다.

그쪽은 이 호텔 프런트입니다.

4

한국인.

한국인입니다.

한국인은 상냥합니다.

당신은 상냥한 한국인입니다.

그 사람은 상냥하지 않습니다.

제2과 유명한 호텔입니다.

1

호텔.

호텔입니다.

호텔은 유명합니다.

유명한 호텔입니다.

여기는 유명한 호텔입니다.

2

로비.

로비입니다.

로비는 깨끗합니다.

깨끗한 로비입니다.

거기는 깨끗한 로비가 아닙니다.

3

공원.

조용합니다.

공원은 조용합니다.

조용한 공원입니다.

저기의 공원은 조용하지 않습니다.

4

스시.

좋아합니다.

스시를 좋아합니다.

저는 스시를 좋아합니다.

제가 좋아하는 스시입니다.

제3과 처음 뵙겠습니다.

1

김　실례지만 사토 씨이십니까?

사토　네, 사토 다로입니다.

김　처음 뵙겠습니다.
저는 가이드인 김영철입니다.
잘 부탁드립니다.

2

사토 저야말로 잘 부탁드립니다.

김 이쪽 분은?

사토 이쪽은 제 집사람입니다.

부인 처음 뵙겠습니다. 사토 요시코입니다.
잘 부탁드립니다.

3

김 사토 씨는 회사원입니까?

사토 아니요, 회사원이 아닙니다. 선생님입니다.

김 부인도 선생님입니까?

부인 아니요, 저는 회사원입니다.

김 사토 씨는 어디 선생님입니까?

사토 고등학교 선생입니다.

김 부인은?

부인 저는 일본무역 사원입니다.

제4과 그것은 무엇입니까?

1

김 사토씨, 이것.

사토 그것은 무엇입니까?

김 우산입니다. 비 때문에.

사토 감사합니다.

2

부인 화장실은?

김 화장실, 여기입니다.

사토 저기도 화장실입니까?

김 아니요, 저기는 화장실이 아닙니다.
사무실입니다.

3

부인 이 호텔의 이름은 무엇입니까?

김 인천공항호텔입니다.

부인 버스 정류장은 어느 쪽입니까?

김 버스 정류장은 저쪽입니다.

4

부인 이쪽은 어디입니까?

김 그쪽은 은행입니다.

부인 저쪽도 은행입니까?

김 아니요, 그렇지 않습니다. 저쪽은 식당입니다.

제5과 얼마나 있습니까?

1

사토 이 호텔은 공항에서 가까워서 좋군요.

김 네. 그러나 시내가 조금 멉니다.

사토 시내에는 호텔이 많이 있습니까?

김 네, 그중에서 서울호텔이 가장 좋습니다.

2

사토 그 호텔에 온천은 있습니까.

김 온천은 없지만, 사우나는 있습니다.

사토 객실은 얼마나 있습니까?

김 300실 있습니다.

3

부인 김 씨, 가족은 몇 명입니까?

김 전부 여섯 명입니다.

부인 아이는 몇 명 있습니까?

김 아이는 세 명 있습니다.

4

부인 어머니도 있습니까?

김 아니요, 어머니는 없습니다.

부인 아이는 남자아이입니까?

김 아니요, 남자아이 두 명과 여자아이도 한 명 있습니다.

• 본문 해석

제6과 방값은 얼마입니까?

1

예약 담당 네. 서울호텔입니다.
사토 오늘 방 있습니까?
예약 담당 네, 있습니다. 몇 분이십니까?
사토 부부입니다. 방 하나면 됩니다.

2

예약 담당 성함이 무엇입니까?
사토 사토입니다. 사토 다로.
예약 담당 오늘 4월 11일 사토 씨 부부이시지요?
사토 네, 잘 부탁드립니다.

3

사토 방값은 얼마입니까?
예약 담당 트윈은 100,000원입니다.
사토 좀 싼 방은 없습니까?
예약 담당 온돌이라면 80,000원입니다.

4

사토 그것 외에는 없습니까?
예약담당 온돌보다 싼 방은 없습니다.
사토 알겠습니다. 온돌로 부탁합니다.
예약담당 네, 알겠습니다.

제7과 오늘 예약했습니다.

1

클라크 어서 오세요. 숙박이십니까?
사토 네. 오늘 예약했습니다.
클라크 성함이 무엇입니까?
사토 사토입니다. 사토 다로.
〈잠시 후〉
클라크 여기에 성함과 주소를 적어 주세요.
룸은 1207호실입니다.
편히 쉬세요.

2

벨맨 그럼 방으로 안내하겠습니다.
저 엘리베이터를 탑니다.
〈방에 들어가서〉
벨맨 여기가 화장실입니다.
방의 등 스위치는 여기에 있습니다.

3

사토 저녁은 어디에서 먹습니까?
벨맨 1층에 식당이 있습니다.
거기에서 식사를 할 수 있습니다.
방에서 먹는 룸서비스도 가능합니다.

제8과 깨끗한 방이 좋습니다.

1

벨맨 여기가 로비입니다.
사토 밝고 아주 깨끗하군요.
커피숍도 있습니까?
벨맨 네, 커피숍은 2층에 있습니다.

2

벨맨 저기는 회의장입니다.
사토 화장실은 어디입니까?
벨맨 화장실은 저쪽입니다.
사토 화장실이 먼 것이 좀 불편하네요.

3

벨맨 어떤 방을 좋아하십니까?

사토　저는 깨끗한 방이 좋습니다.
조용하고 깨끗하면 좋겠습니다만.
벨맨　그렇습니까?
1207호는 매우 깨끗하고 조용한 방입니다.

4
부인　여기에는 어떤 식당이 있습니까?
벨맨　레스토랑은 물론 일식당도 있습니다.
부인　무엇이 가장 맛있습니까?
벨맨　스시도 좋지만, 갈비가 인기 메뉴입니다.

제9과 무엇으로 하겠습니까?

1
웨이터　어서 오세요. 두 분이신가요?
사토　네, 그렇습니다.
웨이터　그럼 자리로 안내하겠습니다.
이쪽으로 앉으세요.

2
웨이터　메뉴입니다. 무엇으로 하겠습니까?
오늘 추천 메뉴는 회정식입니다.
사토　무엇으로 할까?
부인　그럼 나는 회정식.

3
웨이트리스　어서 오세요. 몇 분이십니까?
사토　두 사람입니다.
웨이트리스　그럼 자리로 안내하겠습니다.
이쪽으로 앉으세요.

4
웨이트리스　무엇으로 하시겠습니까?
부인　나는 스시를 먹고 싶은걸.
사토　스시? 나는 스키야키(쇠고기 전골)로 할게.
그리고 술을 조금 마시고 싶어.
웨이트리스　네, 알겠습니다. 잠시 기다려 주세요.

제10과 가볍게 먹고 싶습니다.

1
벨맨　안녕하세요.
사토　안녕하세요.
어제 조금 피곤해서 감기에 걸렸습니다.
그래서 뭔가 가볍게 먹고 싶습니다만.
어디가 좋습니까?
벨맨　건너편 카페테리아가 좋다고 생각합니다.
거기라면 샌드위치 등을 가볍게 먹을 수 있습니다.
사토　그래요? 알겠습니다.
감사합니다.

2
웨이터　무엇으로 하시겠습니까?
사토　가볍게 먹고 싶습니다만.
웨이터　그럼 아메리칸 스타일은 어떠십니까?
토스트에 달걀과 햄, 그리고 주스 등입니다.

3
부인　뭔가 가벼운 것을 원합니다.
죽이나 샌드위치는 있습니까?
웨이터　네, 있습니다.
달걀샌드위치에 포테이토, 야채샌드위치 등 여러 가지 있습니다.

제11과 와이파이 비밀번호를 알고 싶습니다.

1

사토 여보세요. 와이파이 비밀번호를 알고 싶습니다만.
프런트 와이파이 비밀번호는 방 번호로 되어 있습니다.
사토 인터넷은 쓸 수 있습니까?
프런트 네, 자유롭게 사용하실 수 있습니다.

2

사토 여보세요, 프런트입니까?
예약 담당 부탁합니다.
프런트 네, 연결해 드릴 테니까 잠시 기다려 주세요.

3

프런트 네, 서울호텔 프런트입니다.
무슨 일이십니까?
사토 저, 사토 다로라고 하는데, 408호실 다나카 씨에게 메시지 부탁드리고 싶습니다만...
프런트 네, 말씀해 주십시오.
사토 오늘 다섯 시 호텔 로비에서 기다린다고 전해 주세요.
프런트 예, 알겠습니다. 메모 남겨 두겠습니다.

제12과 또 묵어 주십시오.

1

캐셔 안녕하세요. 체크아웃이십니까?
사토 네, 부탁합니다.
캐셔 한국에서의 여행은 어땠습니까?
사토 아주 즐거웠습니다.

2

캐셔 그럼 키를 건네 주십시오.
1207호실, 2박이셨지요?
사토 네, 그렇습니다.
캐셔 잠시 기다려 주십시오.

3

캐셔 오래 기다리셨습니다.
방값은 8만원입니다.
지불은 현금입니까, 신용카드입니까?
사토 신용카드로 부탁드립니다.
캐셔 신용카드 받았습니다.

4

캐셔 여기에 사인 부탁드립니다.
카드와 영수증입니다.
사토 네, 고맙습니다.
캐셔 다시 오실 때에도 꼭 묵어 주십시오.

• 일본어의 품사(品詞)

1. 일본어 품사의 종류와 의미

	일본어 교육	일본의 학교문법	의 미	용 례
1	명사	명사	자립어로서 활용이 없고 주어가 될 수 있는 말	本, 雑誌, 家内 人, これ, 彼
2	동사	동사	자립어로서 활용이 있고 동작을 나타내는 말	書く, 見る, 食べる 来る, する
3	ナ형용사	형용동사	자립어로서 활용이 있고 사물의 상태나 성질을 나타내는 말로 어미가 ～だ로 끝나는 말	便利だ, 親切だ 好きだ, きらいだ
4	イ형용사	형용사	자립어로서 활용이 있고 사물의 상태나 성질을 나타내는 말로 어미가 ～い로 끝나는 말	赤い, 黒い 美味しい, 甘い
5	접속사	접속사	자립어이며 활용이 없고 단어나 구, 절, 문장끼리의 관계를 나타내는 말	それから, また しかし
6	부사	부사	자립어이며 활용이 없고 주로 용언을 수식하는 말	ぜひ, とても 少し, 少々
7	연체사	연체사	자립어이며 활용이 없고 체언(명사)을 수식하는 말	この, その そんな, どんな
8	감탄사	감동사	자립어이며 활용이 없고 감동이나 응답, 인사 등의 의미를 나타내는 말	あっ, こんにちは はい, ありがとう
9	조동사	조동사	부속어로서 활용이 있는 말	～られる, ～ます ～です, ～た, ～だ
10	조사	조사	부속어로서 활용이 없고 명사가 문장 내에서 담당하는 역할을 나타내거나 또는 일정한 의미를 붙이거나 하는 말	～が, ～の, ～を ～は, ～て, ～で ～か, ～よ, ～ね

2. 각 언어별 품사의 종류

한국어 (9품사)	영어 (8품사)	일본어 (10품사)	내 용
명사	명사	명사	사람이나 장소 또는 물체, 특성 등 무언가를 칭하는 이름
대명사	대명사		명사나 명사구 대신 사용되는 단어(명사에 포함)
동사	동사	동사	사람이나 사물의 동작, 상태, 작용(일본어의 동사 어미는 ウ단으로 끝남)
형용사	형용사	イ형용사	사물의 성질, 상태를 나타냄(일본어에서 어미가 ～い로 끝남)
		ナ형용사	사물의 성질, 상태를 나타냄(일본어에서 어미가 ～だ로 끝남)
부사	부사	부사	동사, 형용사, 부사 등을 수식
관형사	전치사	연체사	명사, 대명사의 앞에 위치하며 명사와 함께 구를 이룸
수사			수를 세는 단어(일본어에서는 명사에 포함)
감탄사	감탄사	감동사	감정을 표현하기 위한 단어
	접속사	접속사	단어나 구 혹은 절들을 이어 줌
조사		조사	체언, 부사, 어미 등에 붙어 뜻을 도와줌
		조동사	부속어로서 활용이 있음. 술어에 어떤 의미를 더함

• 조수사(助数詞)

1. 사물이나 사람 등의 경우

	1	2	3	4	5	6	7	8	9	10
~개	ひと 一つ	ふた 二つ	みっ 三つ	よっ 四つ	いつ 五つ	むっ 六つ	なな 七つ	やっ 八つ	ここの 九つ	とお 十
~개	いっ こ 一個	に こ 二個	さん こ 三個	よん こ 四個	ご こ 五個	ろっ こ 六個	なな こ 七個	はっ こ 八個	きゅう こ 九個	じゅっ こ 十個
~대	いちだい 一台	に だい 二台	さんだい 三台	よんだい 四台	ご だい 五台	ろくだい 六台	ななだい 七台	はちだい 八台	きゅうだい 九台	じゅうだい 十台
~병, ~자루	いっぽん 一本	に ほん 二本	さんぼん 三本	よんほん 四本	ご ほん 五本	ろっぽん 六本	ななほん 七本	はっぽん 八本	きゅうほん 九本	じゅっぽん 十本
~잔	いっぱい 一杯	に はい 二杯	さんばい 三杯	よんはい 四杯	ご はい 五杯	ろっぱい 六杯	ななはい 七杯	はっぱい 八杯	きゅうはい 九杯	じゅっぱい 十杯
~권	いっさつ 一冊	に さつ 二冊	さんさつ 三冊	よんさつ 四冊	ご さつ 五冊	ろくさつ 六冊	ななさつ 七冊	はっさつ 八冊	きゅうさつ 九冊	じゅっさつ 十冊
~장	いちまい 一枚	に まい 二枚	さんまい 三枚	よんまい 四枚	ご まい 五枚	ろくまい 六枚	ななまい 七枚	はちまい 八枚	きゅうまい 九枚	じゅうまい 十枚
~벌	いっちゃく 一着	に ちゃく 二着	さんちゃく 三着	よんちゃく 四着	ご ちゃく 五着	ろくちゃく 六着	ななちゃく 七着	はっちゃく 八着	きゅうちゃく 九着	じゅっちゃく 十着 じっちゃく 十着
~마리	いっぴき 一匹	に ひき 二匹	さんびき 三匹	よんひき 四匹	ご ひき 五匹	ろっぴき 六匹	ななひき 七匹	はっぴき 八匹	きゅうひき 九匹	じゅっぴき 十匹
~마리(소)	いっとう 一頭	に とう 二頭	さんとう 三頭	よんとう 四頭	ご とう 五頭	ろくとう 六頭	ななとう 七頭	はちとう 八頭	きゅうとう 九頭	じゅっとう 十頭
~마리(새)	いち わ 一羽	に わ 二羽	さん ば 三羽 さん わ 三羽	よん ば 四羽 よん わ 四羽	ご わ 五羽	ろっ ぱ 六羽 ろく わ 六羽	なな わ 七羽 しち わ 七羽	はち わ 八羽 はっ ぱ 八羽	きゅう わ 九羽	じゅっ ぱ 十羽 じゅう わ 十羽
~층	いっかい 一階	に かい 二階	さんがい 三階	よんかい 四階	ご かい 五階	ろっかい 六階	ななかい 七階	はっかい 八階 はちかい 八階	きゅうかい 九階	じゅっかい 十階 じっかい 十階
~회	いっかい 一回	に かい 二回	さんかい 三回	よんかい 四回	ご かい 五回	ろっかい 六回	ななかい 七回	はちかい 八回	きゅうかい 九回	じゅっかい 十回
~명	ひとり 一人	ふたり 二人	さんにん 三人	よ にん 四人	ご にん 五人	ろくにん 六人	しちにん 七人	はちにん 八人	く にん 九人 きゅうにん 九人	じゅうにん 十人

2. 시간의 경우

	1	2	3	4	5	6	7	8	9	10
~일*	一日(ついたち)	二日(ふつか)	三日(みっか)	四日(よっか)	五日(いつか)	六日(むいか)	七日(なのか)	八日(ようか)	九日(ここのか)	十日(とおか)
~주	一週(いっしゅう)	二週(にしゅう)	三週(さんしゅう)	四週(よんしゅう)	五週(ごしゅう)	六週(ろくしゅう)	七週(ななしゅう)	八週(はっしゅう)	九週(きゅうしゅう)	十週(じゅっしゅう)
~개월	一ヶ月(いっかげつ)	二ヶ月(にかげつ)	三ヶ月(さんかげつ)	四ヶ月(よんかげつ)	五ヶ月(ごかげつ)	六ヶ月(ろっかげつ)	七ヶ月(ななかげつ)	八ヶ月(はっかげつ)	九ヶ月(きゅうかげつ)	十ヶ月(じゅっかげつ) 十ヶ月(じっかげつ)
~년	一年(いちねん)	二年(にねん)	三年(さんねん)	四年(よねん)	五年(ごねん)	六年(ろくねん)	七年(しちねん) 七年(ななねん)	八年(はちねん)	九年(くねん) 九年(きゅうねん)	十年(じゅうねん)
~시	一時(いちじ)	二時(にじ)	三時(さんじ)	四時(よじ)	五時(ごじ)	六時(ろくじ)	七時(しちじ)	八時(はちじ)	九時(くじ)	十時(じゅうじ)
~분	一分(いっぷん)	二分(にふん)	三分(さんぷん)	四分(よんぷん)	五分(ごふん)	六分(ろっぷん)	七分(ななふん)	八分(はちふん) 八分(はっぷん)	九分(きゅうふん)	十分(じゅっぷん) 十分(じっぷん)
~초	一秒(いちびょう)	二秒(にびょう)	三秒(さんびょう)	四秒(よんびょう)	五秒(ごびょう)	六秒(ろくびょう)	七秒(ななびょう)	八秒(はちびょう)	九秒(きゅうびょう)	十秒(じゅうびょう)

* '일'의 경우, 10일 이후는 十一日(じゅういちにち) / 二十二日(にじゅうににち)처럼 숫자에 日(にち)를 붙인다.

二十日(はつか)、十四日(じゅうよっか)、二十四日(にじゅうよっか)는 주의해서 읽는다.

• 동사의 종류

일본어교육	일본의 학교문법	예
1그룹동사	5단동사	言(い)う, 書(か)く, 話(はな)す, 持(も)つ, 死(し)ぬ, 飛(と)ぶ, 読(よ)む, ある
2그룹동사	상1단동사	見(み)る, 飲(の)みすぎる, 着(き)る, 起(お)きる, いる
	하1단동사	食(た)べる, 始(はじ)める, 寝(ね)る, 疲(つか)れる, 答(こた)える
3그룹동사	カ행변격동사	来(く)る
	サ행변격동사	する (勉強(べんきょう)する, 運動(うんどう)する, アルバイトする)

· 동사의 활용

동사	기본형	～ます (～ㅂ니다)	～ながら (～하면서)	～たい (～하고 싶다)	～て (～하고, ～해서)	～た (～했다)	～たり (～하거나)
1그룹 동사	書く	書きます	書きながら	書きたい	書いて	書いた	書いたり
	泳ぐ	泳ぎます	泳ぎながら	泳ぎたい	泳いで	泳いだ	泳いだり
	言う	言います	言いながら	言いたい	言って	言った	言ったり
	待つ	待ちます	待ちながら	待ちたい	待って	待った	待ったり
	乗る	乗ります	乗りながら	乗りたい	乗って	乗った	乗ったり
	読む	読みます	読みながら	読みたい	読んで	読んだ	読んだり
	選ぶ	選びます	選びながら	選びたい	選んで	選んだ	選んだり
	死ぬ	死にます	死にながら	死にたい	死んで	死んだ	死んだり
	話す	話します	話しながら	話したい	話して	話した	話したり
	行く	行きます	行きながら	行きたい	行って	行った	行ったり
2그룹 동사	見る	見ます	見ながら	見たい	見て	見た	見たり
	起きる	起きます	起きながら	起きたい	起きて	起きた	起きたり
	食べる	食べます	食べながら	食べたい	食べて	食べた	食べたり
	寝る	寝ます	寝ながら	寝たい	寝て	寝た	寝たり
3그룹 동사	来る	来ます	来ながら	来たい	来て	来た	来たり
	する	します	しながら	したい	して	した	したり

• 형용사의 활용

형용사	기본형	~です (~ㅂ니다)	~て (~하고/~해서)	~た (~했다)	~ない (~지 않다)	명사 수식 (~(으)ㄴ)
イ형용사	赤(あか)い	赤(あか)いです	赤(あか)くて	赤(あか)かった	赤(あか)くない	赤(あか)い物(もの)
	近(ちか)い	近(ちか)いです	近(ちか)くて	近(ちか)かった	近(ちか)くない	近(ちか)い物(もの)
	甘(あま)い	甘(あま)いです	甘(あま)くて	甘(あま)かった	甘(あま)くない	甘(あま)い物(もの)
ナ형용사	便利(べんり)だ	便利(べんり)です	便利(べんり)で	便利(べんり)だった	便利(べんり)でない	便利(べんり)な物(もの)
	静(しず)かだ	静(しず)かです	静(しず)かで	静(しず)かだった	静(しず)かでない	静(しず)かな物(もの)
	好(す)きだ	好(す)きです	好(す)きで	好(す)きだった	好(す)きでない	好(す)きな物(もの)

: *Memo* :

: *Memo* :

: *Memo* :

동양북스 추천 교재

일본어 교재의 최강자, 동양북스 추천 교재

회화 코스북

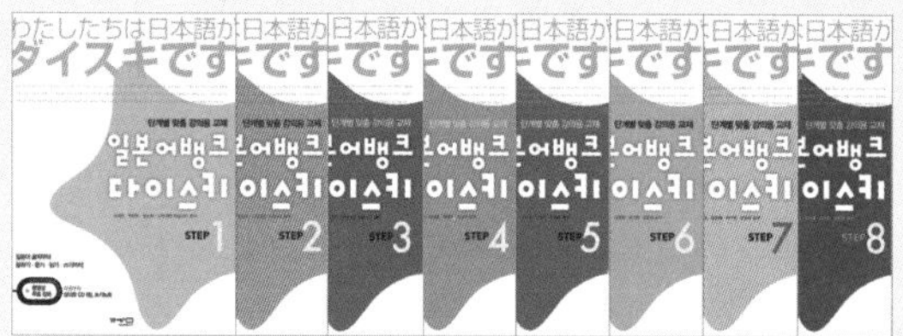

일본어뱅크 다이스키
STEP 1·2·3·4·5·6·7·8

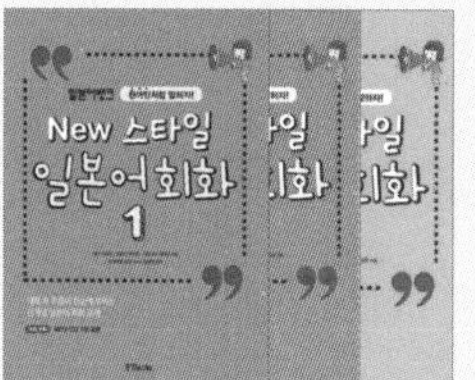

일본어뱅크
New 스타일 일본어 회화
1·2·3

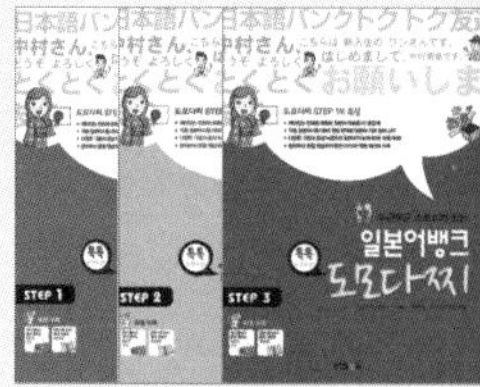

일본어뱅크 도모다찌
STEP 1·2·3

분야서

일본어뱅크
NEW 스타일 일본어 문법

일본어뱅크
일본어 작문 초급

일본어뱅크
사진과 함께하는
일본 문화

일본어뱅크
항공 서비스 일본어

가장 쉬운 독학
일본어 현지회화

수험서

일취월장 JPT
독해 · 청해

일취월장 JPT
실전 모의고사 500 · 700

新일본어능력시험
실전적중 문제집 문자 · 어휘 N1 · N2
실전적중 문제집 문법 N1 · N2

新일본어능력시험
실전적중 문제집 독해 N1 · N2
실전적중 문제집 청해 N1 · N2

단어 · 한자

新버전업
일본어 한자 암기박사

일본어 상용한자 2136
이거 하나면 끝!

일본어뱅크
New 스타일 일본어 한자 1 · 2

가장 쉬운 독학
일본어 단어장